LEONHARD TIETZ
(1849–1914)

JÜDISCHE MINIATUREN

Herausgegeben von Hermann Simon

Band 92 LEONHARD TIETZ

Alle »Jüdische Miniaturen« sind auch im Abonnement
beim Verlag erhältlich.

Die Deutsche Nationalbibliothek verzeichnet diese Publikation
in der Deutschen Nationalbibliografie; detaillierte Daten sind im
Internet über https://portal.dnb.de/ abrufbar.

© 2014 Hentrich & Hentrich Verlag Berlin
Inh. Dr. Nora Pester
Wilhelmstraße 118, 10963 Berlin
info@hentrichhentrich.de
http://www.hentrichhentrich.de

Korrektorat: Marianne Graumann
Gestaltung: Barbara Nicol
Druck: Grafisches Centrum Cuno GmbH & Co. KG, Calbe

1. Auflage 2014
Alle Rechte vorbehalten
Printed in Germany
ISBN 978-3-941450-17-2

NILS BUSCH-PETERSEN

LEONHARD TIETZ

FUHRMANNSSOHN UND WARENHAUSKÖNIG
VON DER WARTHE AN DEN RHEIN

Inhalt

Vorwort

Leonhard Tietz darf mit Fug und Recht als deutscher Warenhauspionier bezeichnet werden. 1879 eröffnete er in Stralsund sein erstes kleines Geschäft. Feste Preise und Barzahlung – heute Normalität – begründeten seinen wirtschaftlichen Erfolg, vor allem aber die Demokratisierung des Einzelhandels. Jeder war willkommen, sich von der bis dato nicht gekannten Warenvielfalt inspirieren zu lassen, ob er kaufte oder nicht. Tietz expandierte, der neue regionale Schwerpunkt verlagerte sich in das industrialisierte Westdeutschland. Dort entwickelten sich Massenproduktion und Massennachfrage zu Motoren des wirtschaftlichen Erfolgs.

Aus den bescheidenen Anfängen wuchs noch zur Lebzeit des Gründers ein Warenhaus-Konzern mit eigener Produktion und ausgeklügelter Logistik, der 1905 als erstes deutsches Unternehmen dieser Branche in eine Aktiengesellschaft umgewandelt wurde. Als Leonhard Tietz im November 1914 im Alter von 65 Jahren verstarb, war seine Firma eine fest etablierte Größe im westdeutschen Handel. Ihre Warenhäuser prägten mit imposanter Architektur das Bild zahlreicher Innenstädte.

Nils Busch-Petersen, Autor der vorliegenden Biografie, ist ein ausgewiesener Kenner der Warenhausgeschichte. Mit vielen bislang wenig bekannten Details aus dem Leben von Leonhard Tietz zeichnet er dessen Tugenden nach, die uns heute noch Maßstab sind: Die Wertschätzung für die eigenen Mitarbeiter, der unbedingte Wille, seine Kunden in der Mitte der Stadt mit guten Preisen und einer ausgesuchten Sortimentsvielfalt zufriedenzustellen, sein Mut, Neuerungen in den Handel einzuführen sowie sein trotz mancher Krisen ungebrochener Unternehmergeist.

Leonhard Tietz hat mit seinem Schaffen das Fundament für das aktuell größte deutsche Warenhausunternehmen gelegt – die Galeria Kaufhof. Seine Tugenden prägen auch die Zukunft des Warenhauses in einer wettbewerbsintensiven Handelslandschaft, die sich permanent und immer schneller wandelt. Neue Technologien halten Einzug, das Internet bietet ganz neue Möglichkeiten. Das kompetente Verkaufsgespräch, die Inspiration durch Warenwelten und das Erlebnis rund um den Einkauf sind und bleiben Herzstück des innerstädtischen Warenhauses. Aus der Verbindung von Online-Shop und stationärem Handel entsteht die richtige Rezeptur für das Warenhaus der Zukunft. Davon sind unsere Mitarbeiter und Führungskräfte überzeugt. Und ich bin ganz sicher: Leonhard Tietz würde mit Freude und Leidenschaft diese Zukunft mitgestalten!

Lovro Mandac
Vorsitzender der Geschäftsführung der GALERIA Kaufhof GmbH

Kindheit an der Warthe

Der 3. März 1849 war ein besonderer Tag für die Fuhrmannsfamilie Tietz in Birnbaum an der Warthe. Johanna Tietz wurde von einem Sohn entbunden. Jakob Tietz und seine Frau nannten ihren Erstgeborenen Leonhard. Vier Geschwister sollten folgen.

Birnbaum an der Warthe lag unweit der alten Fernstraße von Berlin über Küstrin nach Posen, in malerischer Umgebung von über hundert Seen und dichten Wäldern, wie dem Netze-Urwald, dem zweitgrößten geschlossenen Waldgebiet im heutigen Polen. Über Jahrhunderte war die Kleinstadt von Deutschen und einer starken polnischen Minderheit bewohnt, weshalb Birnbaum auch schon zu Zeiten der Zugehörigkeit zur preußischen Provinz Posen seinen polnischen Namen Międzychód führte. Dieser Name ist verblieben, seit 1920 im Ergebnis des Versailler Vertrages die Zuordnung zu Polen erfolgte. Zur Zeit der Geburt von Leonhard Tietz lebten in Birnbaum ca. 3.000 Einwohner.

Die Familie Tietz gehörte für jene Zeit schon zu den Alteingesessenen, die seit vier Generationen im Ort lebten. Der Ahn Jacob war noch als David ben Zwi (Sohn des Hirsches) 1773 dem Ruf des preußischen Königs gefolgt und als Siedler und späterer Grundbesitzer zunächst nach Tütz in Pommern gegangen.

David ben Zwi entstammte selbst einer in Holland ansässigen Familie sephardischer Juden.

Der Ortsname stand sicherlich Pate, als es um die Wahl eines »deutschen« Familiennamens ging. So wurde aus »Tütz« »Tietz« abgeleitet.

Seit die Familie in den 90er Jahren des 18. Jahrhunderts in Birnbaum lebte, und vor allen Dingen, nachdem die Söhne Jacobs in den Wirren der napoleonischen Kriege fast allen Besitz verloren hatten, befassten sich ihre Mitglieder mit Handelsgeschäften und dem Fuhrgewerbe.

Die sogenannte Reiche Linie führte seit 1813 erfolgreich die Großhandlung »Gebrüder Tietz«, und handelte von Birnbaum aus mit Posamentier- und Kurzwaren. Die »Arme Linie«, zu der auch Leonhards Vater Jakob gehörte, lebte in einfachsten Verhältnissen vom Fuhrgewerbe und kleineren Handelsgeschäften. Leonhards Mutter Johanna war eine geborene Kwieletzka, sie entstammte einer ehedem vermögenden jüdischen Gutsbesitzerfamilie, die während der polnischen Unruhen Ende des 18. Jahrhunderts verarmt war.

Das Elternhaus beschrieb Leonhards jüngerer Bruder Oscar als traditionell, sehr religiös und den Vater Jakob als sehr belesen. Er nahm die religiösen Unterweisungen seiner Kinder sehr ernst. Die nur 100 Meter vom kleinen Haus der Familie entfernte Synagoge wurde regelmäßig besucht. Während Ja-

*Das Haus der
Familie Tietz in
Birnbaum*

kobs Halbgeschwister aus der zweiten Ehe von Salomon Tietz größtenteils Birnbaum verließen, teilweise Jahre in den Vereinigten Staaten verbrachten und später als erfolgreiche Geschäftsleute u. a. in Prenzlau und Berlin ansässig wurden, blieben und arbeiteten die Eltern von Leonhard in der Heimatstadt.
Leonhard war es von klein auf gewohnt mit anzupacken, um den Lebensunterhalt der Familie zu sichern. Vor der Schule wurden die Pferde zur Tränke geführt, auch nach dem Unterricht geholfen und auf die jüngeren Geschwister geachtet. Neben dem Fuhrgewerbe betrieben die Eltern noch eine kleine Gemischtwarenhandlung, einer der unzähligen kleinen Läden jener Zeit, in denen mit jedem Kunden um die Preise noch gefeilscht wurde und die meisten Kunden auf Kredit kauften, »anschreiben« ließen, um zu bezahlen, wenn sie wieder einmal Geld hätten. Das Risiko dieser

Geschäfte lag beim Händler, dem so oft das Geld zum Erwerb neuer Ware fehlte. Ein solches Kleingewerbe war häufig nur als unsicherer Nebenerwerb geeignet und rentierte sich, wenn überhaupt, nur unter Mitarbeit der ganzen Familie.

Der enge Zusammenhalt der Familie vor Ort wie auch der Verwandtschaft im ganzen Land haben Leonhard geprägt. Seine Eltern gaben ihn, ebenso wie später seinen Bruder Oscar, selbstverständlich bei Verwandten in die Lehre. Beeindruckt haben die Jungs aus Birnbaum sicher die Erfolgsgeschichten der Onkel, welche aus Amerika zurückgekehrt waren. Chaskel Tietz gehörte zu diesen Verwandten, die einige Jahre in den Vereinigten Staaten gelebt hatten. Wie sechs weitere von sieben Geschwistern aus der zweiten Ehe des Großvaters Salomon war er in jungen Jahren nach Amerika ausgewandert. Er kämpfte auf Seiten der Unionisten im amerikanischen Bürgerkrieg und brachte es sogar zum Offizier. 1866, nach Ende des Bürgerkrieges, zog es ihn heim. Im weitesten Sinne erwarb er den Grundstock seines Vermögens im »Rüstungsgeschäft«. Kriegspferde brauchte man gerade auf der anderen Seite des Atlantik, denn Preußen zog in den Deutschen Krieg. Chaskel kaufte preiswert Pferde in den USA, schiffte sie ein, belieferte Preußen mit diesem dringend benötigten Transportmittel und erzielte guten Gewinn.

Seine Brüder Heinrich, Julius und Hermann sollten es ihm anlässlich des Deutsch-Französischen Krieges von 1870/71 gleichtun und mit einer ganzen Schiffsladung von Pferden gewinnbringend nach Deutschland zurückkehren. In Prenzlau betrieb Chaskel dann eine Firma, die Lumpen, Altmetall und andere Altstoffe verwertete.

Ebenso prägend waren für Leonhard die positiven Erfahrungen in einem für die damalige Zeit toleranten Gemeinwesen aufgewachsen zu sein, in welchem die Hälfte der Einwohner christliche Deutsche und je ein Viertel der Bürger Juden und Polen waren, die friedlich neben- und miteinander lebten. Eine wichtige Rolle für dieses gute Klima spielte die Schule in Birnbaum, an der auch Lehrer unterrichteten, die als »alte 48er« aus Preußens Großstädten nach der gescheiterten Revolution von 1848 in die »Provinz« versetzt wurden und somit fortschrittliches Gedankengut auch in die ländlichen Regionen brachten.

Aber nach Einsegnung (Bar Mitzwa) und Schulende verließ Leonhard Birnbaum und ging nach Prenzlau, um bei entfernten Verwandten in die Lehre zu gehen. Auch diese betrieben eine Gemischtwarenhandlung, vor allem mit Textilien.

Der eher kleine und schmächtige Junge galt als wissensdurstig und vielseitig interessiert, trat flink, charmant und stets freundlich auf (Fuchs, S. 19). Seine gute

Beobachtungsgabe und seine starken analytischen Fähigkeiten kamen ihm zugute und wurden durch die Arbeit im Handel noch befördert. So wurde Leonhard mit dem Abschluss der Lehre zum Handlungsgehilfen (Commis).

Von der Warthe an die Oder – Reisender und Mitinhaber

Seine erste Stelle nach der Ausbildung trat Leonhard Tietz jedoch nicht im Einzelhandel, sondern bei der in Birnbaum 1813 gegründeten Firma »Gebr. Tietz« als Reisender (Commis voyageur) an. Das Großhandelsunternehmen belieferte Einzelhändler in der Region mit Posamentier- und Kurzwaren, aber auch weiteren Textilerzeugnissen.

Die Jahre als Reisender waren besonders prägend für Leonhard. Einerseits erlebte er die mit der Reichseinigung fortfallenden Zollgrenzen und Beschränkungen des Warenhandels, sah auf den großen Messen in Leipzig, Posen und Frankfurt die Produkte der verstärkt einsetzenden Industrialisierung und deren Verfügbarkeit in großen Mengen. Andererseits wuchs die Massenkaufkraft infolge der Industrialisierung in den wenigen Großstädten, aber vor allem auch in den zahlreichen kleinen und mittleren Städten. Immer mehr Menschen waren in der Lage, nicht länger als weitgehende Selbstversorger nur gelegentlich Produkte zu tauschen oder käuflich zu erwerben. Sie konnten vielmehr den Schritt zum Kunden, zum Verbraucher vollziehen und im größeren Umfang Manufaktur- und Industriewaren im Handel einkaufen. Und der entscheidende Mittler zwischen Hersteller und Verbraucher, der Handel, insbesondere der Einzelhandel (Verkauf von Waren an Endverbraucher) nutzte die neuen großen Möglichkeiten kaum. Der Wirtschaftszweig erlebte zwar in der zweiten Hälfte des 19. Jahrhunderts einen starken Zuwachs an Läden, aber dieses quantitative Wachstum verharrte in Strukturen, die noch keine zureichende Qualität aufwiesen. Vielmehr förderte die starke Zunahme vieler, kleiner und leistungsschwacher Läden eine starke Konkurrenz untereinander. Die kleinen Läden konnten nur kleine Mengen einkaufen, was zu hohen Einkaufspreisen beim Großhandel führte. Für einen direkten Bezug ab Hersteller fehlten schlicht die Mengen. Die Preise der hoch kalkulierten und sich selten umschlagenden Waren fielen entsprechend hoch aus. Sie wurden zumeist in einer nur für die Verkäufer lesbaren Chiffre an den Produkten angebracht und im Verkaufsgespräch zeit- und nervenaufreibend individuell ausgehandelt. In einigen Städten kauften Studenten und Offiziere damals lieber in einfacher Zivilkleidung ein, um so günstigere Preise zu erzielen, als sie bei erkennbar höherer sozialer Stellung zu entrichten gewesen wären!

Der Kauf erfolgte fast überall in den kleinen, vom Kundenkreis her überschaubaren Strukturen »auf Pump«. Der Kunde erhielt die Ware sofort, der Kaufmann das Geld irgendwann. Liquiditätsengpässe waren die Regel und erschwerten den kontinuierlichen Einkauf, die bessere Gestaltung des Geschäftes und Investitionen in Personal. Die geringe Größe der Läden und das begrenzte Warenangebot (in der Regel auf einzelne Produktgruppen beschränkt) behinderten die Entstehung von Laufkundschaft ebenso wie das ungeschriebene Gebot des Kaufzwanges bei Betreten eines Ladens. Gemessen an den solcherart eingeschränkten, niedrigen Umsätzen lagen die Kosten in der Regel für die Kleinbetriebe zu hoch.

Erschwerend lastete auf diesen Kleinhändlern ein »häufig(er) Mangel an kaufmännischer und technischer Bildung, an Branchenkenntnis, an Kalkulation, an Spekulations- und Unternehmungsgeist und Rührigkeit, an Geschmack, an Kulanz.«, so Johannes Wernicke in einem Vortrag vom Januar 1911 vor dem Österreichischen Exportverein in Wien. Wernicke beklagt auch die »Handwerksmäßigkeit des alten Kleinhandels«. (Wernicke, S. 32) Wem, wenn nicht Leonhard, dem jungen Vermittler zwischen Produzenten und Kaufleuten, sollte dieser Widerspruch zu denken geben, während er die wirtschaftliche Entwicklung auf seinen Touren erlebte?

Als Reisender gewann er Einblicke in die Vielfalt der Handelsgeschäfte, lernte alle wichtigen Fabrikationen stets auf dem neuesten Stand kennen und wurde zum geschickten Verhandler. Gleichzeitig begeisterte er sich für die Welt der Künste, die sich ihm vor allem in den erwähnten großen Messestädten eröffnete. Sehr gern besuchte er Opern- und Theateraufführungen, sah Ausstellungen und traf mit Künstlern und Intellektuellen auf einen neuen, den Horizont erweiternden Menschenschlag. Die so erzeugte Faszination für die Kunst behielt er sein Leben lang. Gleichzeitig reifte mit den Jahren der Entschluss, das Gelernte und die gesammelten Erfahrungen eigenverantwortlich umzusetzen und sich selbstständig zu machen. Nach zehn Jahren verließ Leonhard die Firma »Gebrüder Tietz«.

Im Jahr 1876 übernahm der junge Kaufmann gemeinsam mit einem Freund aus der Birnbaumer Schulzeit unter der Firma »Winkelmann Nachfolger« ein Kurz-, Weiß- und Wollwarengeschäft in Frankfurt an der Oder. Allein entscheiden konnte er so noch nicht, aber in Gemeinschaft mit seinem Kompagnon führte er dieses Geschäft erfolgreich.

Nur zwei Jahre später gab Leonhard die Verlobung mit seiner Jugendliebe Flora Baumann aus Birnbaum bekannt. Dieser Beginn einer erst durch den Tod getrennten, intensiven Beziehung war zugleich das Ende seiner bestehenden geschäftlichen Partnerschaft. Denn sein Freund war der Auffassung, dass sich seine und die Frau seines Partners nicht verstehen würden. Man einigte sich gütlich, Leonhard schied aus der Fa. B. Winkelmann Nachf. gegen Zahlung von 3.000 Talern aus und stand mit seiner Verlobten 1879 vor dem Neuanfang.

Von der Oder an den Sund – das erste eigene Geschäft

Die Standortentscheidung für das neue Geschäft fiel zugunsten von Stralsund. Am 14. August 1879 eröffnete Leonhard Tietz sein erstes eigenes »Garn-, Knopf-, Posamentier- und Woll-Waaren-Geschäft« in der Ossenreyerstraße 31 »im Hause des Herrn Albert Holst«, wie man es der Eröffnungsanzeige entnehmen konnte. Er verwies auf gesammelte Berufserfahrungen und garantierte seinen künftigen Kunden »reelle Bedienung und billigste Preise«. Als Spezialität verwies er auf eine eigene Abteilung »sämmtlicher Artikel zur Damen- und Herren-Schneiderei« und verkaufte »en gros & en detail«. Er betrieb also sowohl Groß- als auch Einzelhandel aus dem kleinen Geschäft heraus.

Die Eröffnungsanzeige
vom 14. August 1879

*Das Geschäft in
der Ossenreyer-
straße 31*

19

In dem 25-qm-Laden standen mit Leonhard zunächst nur seine Verlobte, eine Verkäuferin und ein Lehrmädchen. Fuhr er über Land zu den Großhandelskunden, führte Flora das Geschäft.

Im ersten eigenen Laden begannen Leonhard und Flora Schritt für Schritt, neue Methoden des Handels anzuwenden. Noch blieben sie zwar bei einem, wenn auch schrittweise großzügiger interpretierten, Angebot aus nur einem Sortiment. Aber der Verkauf erfolgte nur gegen bar bei sparsamster Kalkulation, in der Hoffnung, durch niedrige Preise große Umsätze zu generieren, bei denen sich viele kleine Gewinne ausreichend summieren würden. Die Ware gab es gegen den an der Kasse nach Bezahlung ausgehändigten Abholschein. So stand bei jedem getätigten Verkauf unmittelbar wieder Liquidität zur Verfügung und es konnten größere Warenmengen schnell nachgeordert und bezahlt werden.

Der Laden durfte ohne Kaufzwang betreten werden und die festen Preise an allen Artikeln waren klar ausgezeichnet. Die Zeit der an den Waren angebrachten Geheimchiffren fürs Personal und zeitraubender Preisverhandlungen unter Ansehen der Person war vorüber. Den Kunden bot sich die Möglichkeit, selbst zu prüfen, ob sie sich Ware und Preis würden leisten können. Eine aufmerksame Bedienung und die umfassende Bereitschaft zum Umtausch einmal gekaufter

Ware machten diesen Einkauf zum Erlebnis. Darüber hinaus ließen optisch gut platzierte Sonderangebote, die Nutzung des Schaufensters als Werbemittel wie auch der Anzeigen in lokalen Zeitungen das Geschäft schnell bekannt werden.

Bereits seit 1876 führte Georg Wertheim das kurz zuvor gegründete elterliche Geschäft ebenfalls in Stralsund mit großem Erfolg nach gleichen Grundsätzen.

Für beide Läden war zunächst im kleinen Stralsund mit seinem vorpommerschen Umland Platz zur Entfaltung. Das anfängliche Misstrauen verschwand und Kunden stellten sich nicht nur aus der Bürgerschaft ein, sondern auch aus den Arbeiterfamilien der Stralsunder Industriebetriebe und – vor allem Sonntags – in Gestalt der Bauern aus der Umgebung. Im Sommer kamen noch die vielen polnischen Schnitter von den benachbarten Gütern hinzu, was für die angestrebten großen Umsätze sorgte. 1879 war aber auch in anderer Hinsicht ein wichtiges Jahr der Entscheidungen für Leonhard Tietz und seine Verlobte Flora Baumann, da sie im Oktober dieses Jahres heirateten.

Bereits ein Jahr nach der Eröffnung war das Geschäft der Firma zu groß für den 25-Quadratmeter-Laden geworden und Leonhard wechselte in das Haus Ossenreyerstraße 21. Im Erdgeschoss befand sich der Laden, welcher später auch noch die erste Etage umfasste, der Keller diente als Lager. Das Sortiment wurde um Bekleidung erweitert.

Nun summierte sich die Zahl der Mitarbeiter bereits auf zehn, unter ihnen eine Cousine von Flora und ab 1881, zunächst als Lehrling, Floras jüngster Bruder Sally Baumann, der nach seiner Ausbildung als Reisender der Firma »Leonhard Tietz« vor allem die Insel Rügen betreute und später zum engsten Vertrauten Leonhards bei der weiteren Entwicklung der Firma werden sollte. Vertrauen spielte natürlich gerade im Verhältnis zu den Mitarbeitern im Außendienst eine große Rolle. Denn es war ein solcher Reisender, der das noch junge Unternehmen durch Veruntreuungen schwer schädigte.

Ein weiterer Reisender gab eine kurze Vorstellung in Stralsund. Oscar Tietz, Leonhards jüngster Bruder bekam hier seine erste Anstellung nach der Ausbildung bei Onkel Chaskel. Oscar galt in den Augen der Altvorderen als unkonventionell bis revolutionär und unternahm bald einen eher ungewöhnlichen Versuch, einen wichtigen Kunden aus Ludwigslust enger an die Firma Tietz zu binden. Diesen Kunden wollte M. J. Emden aus Hamburg abwerben, aber Oscar überzeugte Leonhard, die Tochter des Kunden als Gehilfin einzustellen. Eine weibliche Mitarbeiterin von außerhalb: zu einer Zeit, in der fast alle Handlungsgehilfen männlich waren und noch alle Mitarbeiter unter einem Dach mit den Inhabern wohnten, war das eine gewagte Idee.

Es kam jedoch ganz anders: M. J. Emden beteiligte sich am umstrittenen Kunden als Kommanditist, der Ludwigsluster sprang ab, die Tochter verließ das Haus der Familie Tietz und Oscar wurde, auch nach Intervention der einflussreichen Onkel, entlassen. 1885 nahm unter dem Dach des Geschäftshauses zusätzlich eine Eigenfabrikation der damals so beliebten und hochmodischen Posamenten und Quasten die Produktion auf.

Vom Sund an die Wupper – der Schritt gen Westen

Die Geschäfte liefen sehr gut in Stralsund, jedoch stießen sie bald an Grenzen, die die relativ dünne Besiedlung des Umlandes und die Größe der kleinen Hafenstadt mit sich brachten – es fehlten Kundschaft und Kaufkraft für eine weitere Expansion vor Ort.

1884 nutzte Leonhard die Gelegenheit, einen Laden in Schweinfurt zu eröffnen. Mit der Leitung betraute er seinen Schwager Sally Baumann. Auch dieses Geschäft entwickelte sich nach den neuen Grundsätzen so erfolgreich, dass 1888 mit Amberg eine zweite Niederlassung in Bayern eröffnet wurde. Der Logik folgend wäre eine weitere Expansion in der Region – schon aus Gründen der Steuerung und des logistischen Aufwandes – angezeigt gewesen.

Leonhard prüfte den Schritt nach München, doch dieser Platz erwies sich als innerfamiliär besetzt: nach einem furiosen Start in Thüringen 1882 hatte der kleine Bruder Oscar bei ähnlich konsequenter Abkehr von den alten Prinzipien des Kleinhandels und sogar schon mit gemischten Sortimenten sein Unternehmen »Hermann Tietz« bereits 1889 in München angesiedelt. Da die Brüder in den Jahren seit dem Intermezzo von Oscar stets in engem persönlichen und geschäftlichen Kontakt standen, schloss sich die Schaffung einer unmittelbaren Wettbewerbssituation aus. Diese ungeschriebene Übereinkunft wirkte weit über den Tod der Brüder hinaus.

Eine andere Region musste also für die weitere Expansion gefunden werden, die auch das Potential für ein wachsendes Unternehmen aufweisen konnte. Leonhard entschied sich für Elberfeld, seinerzeit eine wichtige Einkaufszentrale für alle Unternehmer seiner Branche, Stadt der Leinenproduktion und der Bandwirkereien und ein Zentrum der zügig fortschreitenden industriellen Entwicklung. Sie wurde oft auch das »deutsche Manchester« genannt.

Zügig wurde der erst im selben Jahr eingestellte ältere Bruder von Flora, Max Baumann in die Materie eingearbeitet. Max hatte zuvor sechs Jahre in Südafrika gelebt und verfügte über keine händlerische Erfahrung. Vertrauen wog auch hier schwerer als reine Fachkompetenz, zumal das System klar vorgegeben war.

In der Herzogstraße 25 eröffnete am 8. Mai 1889 unter Leitung von Max Baumann das erste Geschäft von Leonhard Tietz in Westdeutschland. Eine zehn Meter breite Ladenfront und drei Verkäuferinnen, aber auch eine kräftig gerührte Werbetrommel, Zeitungsinserate und vor allem das richtige Konzept am rechten Ort wirkten. Nach nur zwei Tagen musste der Laden vorübergehend geschlossen werden, weil er so gut wie ausverkauft war. Die Schließung des Ladens aus diesem Grunde wurde natürlich auch per Annonce der Kundschaft mitgeteilt. Diese Marketingidee befeuerte die Neugier des Publikums und führte gleich nach Wiedereröffnung zum erneuten Ansturm auf das Geschäft!

Leonhard Tietz wurde zu einem frühen Virtuosen der Werbung, einem Marketingpionier, der das Medium Zeitung geschickt zu nutzen verstand. Schon nach einem Vierteljahr erfolgte innerhalb der Herzogstraße der Umzug in einen größeren Laden und im Oktober 1890 kam bereits ein Geschäft im benachbarten Barmen hinzu. Konsequent gab Leonhard die Läden in Schweinfurt und Amberg später an Verwandte ab, im Falle von Schweinfurt sogar im Tausch gegen ein erstes Geschäft in Mainz mit der Firma H.&C. Tietz des Onkels Chaskel.

Von der Wupper an den Rhein – die Expansion einer Idee

1890 eröffnete Leonhard Tietz ein Geschäft in Koblenz und betraute einen Cousin von Flora, Louis Schloß mit der Leitung. Louis Schloß gab für den Eintritt ins Unternehmen seine Stellung als Bankprokurist in Nordhausen auf.

Der Erfolg im Westen Deutschlands war so überwältigend, dass Leonhard und Flora Tietz nicht nur den Hauptsitz des Unternehmens nach Elberfeld verlegten, sondern auch mit der Familie an die Wupper zogen.

1890 waren schon mehrere Geschäfte im Umfeld der wirtschaftlichen Metropole Köln erfolgreich etabliert und wurden zielstrebig ausgebaut. So lag der nächste Schritt nahe und führte an die Hohe Straße 23/25, Ecke Blindgasse in Köln. Ein bisheriges Konfektionsgeschäft von 180 qm Größe wurde übernommen und umgestaltet. 30 Verkäuferinnen erwarteten unter der Leitung von Sally Baumann am 7. April 1891 den Ansturm auf das »Garn-, Knopf-, Kurz-, Posamentier-,

Trikotagen-, Weiss- und Wollwaarengeschäft« des Leonhard Tietz. Und der Sturm folgte. Die erneut erweiterte Warenpalette wurde von den Kölnern so angenommen, dass Leonhard Tietz Folgendes inserierte: »Sonntag den 12. April und Montag den 13. April bleibt mein Geschäft geschlossen, um das Lager wieder completieren zu können!«

Bis zur Jahrhundertwende folgten: bereits im Mai 1892 das zweite Tietz-Geschäft in Köln, Breitestraße 120 und ein erster Laden in Aachen, 1893 Köln, Weyerstraße 52 sowie ein Geschäft in Mainz, geleitet von Leonhards Cousin Willy Pintus. Es schlossen sich an: Düren 1894, Köln-Hohe Straße 45 (Neubau) und Düsseldorf 1895, Eschweiler, Köln-Ehrenstraße (Neubau), Köln-Eigelstein und ein dreistöckiger Neubau mit »Personen-Aufzug nach allen Etagen« in Elberfeld 1898. Köln wurde zum bedeutendsten Standort des Unternehmens und folgerichtig verlegte Leonhard Tietz bereits im März 1893 den Hauptsitz in die Rheinmetropole.

Vom Filialgeschäft zum Warenhaus

In den zahlreich eröffneten Geschäften fragten die Kunden aber nicht mehr nur nach den immer noch wesentlich textilen Erfolgssortimenten. Leonhard reagierte auf die Kundenwünsche und nahm schrittweise Konfektion und Haushaltsartikel ins Sortiment auf, wie Damenblusen und »Japanwaren«, Majolikaerzeugnisse, Metall-, Leder-, Galanterie-, Korb- und Tapisseriewaren.

Mit der Sortimentserweiterung und dem Bau größerer, mehrgeschossiger Geschäftshäuser vollzog Leonhard Tietz in der Mitte der 1890er Jahre den entscheidenden, letzten Schritt zum Warenhaus, dem neuen Typus des Vertriebs im Einzelhandel.

Gleichzeitig belegt die Entwicklung in Köln exemplarisch, wie umsichtig und strategisch Leonhard Tietz seine Expansion gestaltete: Zunächst wurde ein kleinerer Laden in oder in der Nähe einer guten Lage angemietet, oft die Gelegenheit nutzend, das andere Kaufleute aus bestehenden Mietverträgen ausscheiden wollten und Vermieter dringend Nachmieter suchten. Dann folgte die Eröffnung des klassischen Tietz-Geschäftes in einfacher Gestaltung und zunächst mit den klassischen, vorab dargestellten, sehr preiswert kalkulierten Sortimenten. Die Prinzipien des »Entrè Libre«, der Barzahlung bei transparenter Preispolitik, der maximalen Kulanz und der strikten Kundenorientierung wurden vom ersten Tag an eingehalten, Sortimente ausgebaut und schrittweise weitere Sortimente ins Angebot aufgenommen. Bei dieser Entwicklung war die Ausdehnung einzelner Läden oder die Anmietung weiterer im Umfeld logisch und geboten.

Für den Fall, dass es einmal nicht erfolgreich laufen sollte, hielten sich die Startinvestitionen in Grenzen, das Risiko wurde auf diese Weise minimiert. Stand aber einmal fest, dass an dem gewählten Standort das Tietz-Konzept erfolgreich ist, wurde konsequent nach eigenen Immobilien gesucht und hier dann in großem Umfang investiert. Exemplarisch dafür steht das Haus in der Hohe Straße 45 in Köln.

Das erste in Köln noch angemietete Geschäft in der gleichen Straße platzte aus allen Nähten und war auch für das Personal zu klein geworden. Tietz verlängerte daraufhin den Mietvertrag nicht, sondern suchte an dem sich nun als gut erwiesenen und zur Top-Lage Kölns entwickelnden Standort ein Grundstück zum Kauf und Neubau eines eigenen Hauses. Das fand er unweit des alten Standortes und errichtete auf dem 1.000 qm großen Flurstück das gemäß seiner Eröffnungsanzeige »Größte(s) Sortiments-Geschäft am Platze« und erklärte in der gleichen Anzeige sein Geschäftshaus in aller Bescheidenheit zur »Sehenswürdigkeit der Stadt«!

Der Kölner Local-Anzeiger berichtete in seiner Ausgabe vom 24. Oktober 1895, Köln sei damit »um eines jener großen Verkaufshäuser reicher, wie sie glanzvoller auch Berlin, Brüssel und Paris nicht aufzuweisen haben«. (Fuchs, S. 31)

Leonhard Tietz hatte am Vorabend der Eröffnung zu einer reinen Besichtigung des neuen Konsumtempels ohne Verkauf geladen »und in großen Schaaren war namentlich die Kölner Damenwelt dieser Einladung gefolgt. Ungeachtet des zwischen 6 und 8 Uhr herrschenden übergroßen Gedränges wird niemand den Besuch bereuen«. (Fuchs, ebd.) Euphorisch vermerkte

das Blatt, dass alle Branchen mit Ausnahme von Lebensmitteln gehandelt würden, ja sogar eine Buchhandlung vorhanden wäre und betonte, die auch im Inserat erwähnten 65 elektrischen Bogenlampen und 200 Glühlichter, um hinsichtlich der

Das Haus Hohe Straße in Köln um 1895

30

großen Eingangsschaufenster zu konstatieren: »Was mit Hülfe der Elektricität heutzutage an Licht-Effecten geleistet werden kann, ist dort erreicht.« Auch ein »luxuriös ausgestatteter Personen-Fahrstuhl« fand Erwähnung. »Ein Portier weist am Eingang den Besucher zurecht, der ohne diese Hülfe wohl lange herumirren könnte, ehe er die gewünschte Abteilung fände.« (Fuchs, ebd.)

Insgesamt 211 Angestellte standen im neuen Einkaufsparadies den Kundinnen und Besuchern zur Verfügung. Die Gestaltung der Front des Hauses ließ keinesfalls erahnen, dass sich dahinter faktisch eine kleine »Mall« befand. Die Front bestand im Wesentlichen aus je vier Schaufenstern im Parterre, fünf in den beiden Obergeschossen und einer modernen Glasfront mit wenig trennendem Mauerwerk. Dieses war gerade breit genug ausgelegt, um auf Höhe der Decken Platz für einen Schriftzug zu finden, der auf die anderen Filialen von Leonhard Tietz in Köln und im Reich hinwies. Hinter dem Entree lief der Verkauf in einem großen, bis zum Boden des Souterrains geöffneten Atrium mit drei umlaufenden Galerien im Parterre und den beiden Obergeschossen unter einem tonnenförmig gestreckten Glasdach.

Beim Betreten des neuen Tietz-Baues gerieten die ersten Besucher von der sich in die Tiefe des Raumes erstreckenden, mit Licht geschickt in Szene gesetzten, vielfältigen Warenwelt auf vier, vom Eintretenden gut einzusehenden Ebenen in Begeisterung.

Im Souterrain wurden Glas-, Porzellan-, Emaillewaren und »Küchen-Haushaltungsartikel« gehandelt. Komplett eingerichtete Küchen inklusive Kochherd und Eisschrank konnten ebenso erworben werden wie Speisezimmerausstattungen. Die traditionellen textilen Sortimente, Wäsche, Trikotagen, Kleiderstoffe nebst Pelzwaren, ergänzt um Seifen und Parfüms fanden sich (letztere wie heute noch in fast allen Warenhäusern der Welt) im Parterre. Die erste Etage bot Weiß-, Wollwaren und Heimtextilien aller Art, wie auch Teppiche und Gardinen. Die zweite Etage hielt neben allen Textilien, Matratzen und Mobiliar fürs Schlafzimmer (»Eigene Polsterei im Hause«) einen wichtigen Magneten für die einkaufende Familie bereit: die Spielwarenabteilung.

Diesem für seine Zeit hochmodernen Haus blieb keine Zeit zum Altern, mehrere benachbarte Grundstücke in der Hohe Straße und die jeweils dahinter liegenden Liegenschaften in der Straße »An St. Agatha« wurden vom rastlosen Leonhard Tietz hinzugekauft und zu einem großen Wurf zusammengefügt. Inspiriert durch einen Besuch in Italien verfolgte Tietz die Idee, auch eine »Galeria«, ähnlich der berühmten »Galeria Vittorio Emmanuele« in Mailand zu schaffen. So entstand das Projekt, auf der großen Gesamtfläche

Das Passagehaus Köln – Ansichtskarte

ein Warenhaus neuen Typus zu errichten, das nicht nur klassische Lichthöfe, sondern auch einen öffentlichen, natürlich von Schaufenstern des ihn auf beiden Seiten umgebenden Warenhauses gesäumten Durchgang zwischen der Hohe Straße und der Straße An St. Agatha schuf.

Dieser neue Gebäudekomplex entstand in zeitgemäßer Jugendstilarchitektur und wurde im ersten Bauabschnitt am 6. Dezember 1901 eröffnet. Nun wurden auch zunehmend Lebensmittel ins Sortiment aufgenommen, ein Erfrischungs- und Imbissraum luden zum Verweilen ein. Ein Teppichbasar sorgte für Flair und Dienstleistungen wie der eigene Friseur machten den Aufenthalt rund um angenehm. Dieses erste Warenhaus »Leonhard Tietz« mit Vollsortiment beschäftigte bei seiner Eröffnung 700, elf Monate später, nach Abschluss des zweiten Bauabschnittes sogar 900 Angestellte, wobei auch die Firmenzentrale in den Gebäudekomplex Einzug hielt, deren Bedeutung in den Jahren des Wachstums, der Expansion und der ständigen Neugestaltung bestehender Filialen gewachsen war. Eine straffe Zentralorganisation war (und ist) wesentlich für das Funktionieren eines Filialsystems, gleichzeitig hatten die Filialchefs vor Ort ausreichend Spielraum, sich regionalen Besonderheiten in Sortiment und Abläufen anzupassen. Das System erwies sich als flexibel genug, um dynamisch zu bleiben.

1895 hatte Max Baumann die Verkaufsleitung für Köln übernommen und führte gleichzeitig eine Gruppe von erfahrenen Kölner Mitarbeitern, mit denen er jede weitere Neueröffnung vorbereitete. Dafür erschien sein Team Wochen vor der jeweiligen Eröffnung vor Ort und verblieb dort über den Start hinaus, bis die Geschäfte liefen.

Der gewählte Weg, sich nicht auf wenige größere Standorte allein zu konzentrieren, sondern ein Filialsystem zu etablieren, welches dann später dort, wo es sich lohnte, auszubauen und zu erweitern war, hatte sich bewährt – die Grundlage für ein großes Filial-Warenhaussystem war geschaffen.

Das Warenhaus etablierte sich zeitgleich in den Jahren ab 1894 in vielen Städten Deutschlands aus, weitgehend mit Leonhard Tietz vergleichbaren Läden.

Die Zeit war reif, das Land, seine Industrieproduktion und die Massenkaufkraft ausreichend entwickelt:

1. 40 Jahre nach Aristide Boucicauts Aufbruch in das Warenhauszeitalter mit dem stark modeorientierten Au Bon Marchè in Paris
2. 30 Jahre nach der Etablierung der mit vielfältigsten Sortimenten aufwartenden Department Stores in England und
3. 20 Jahre nach der Entstehung der großflächigen modern ausgestatteten Warenhaushochbauten als Folge des schnellen Wachstums der großen Städte, der hohen Immobilienpreise und einer vollständigen Kundenorientierung infolge eines harten Wettbewerbes in den Vereinigten Staaten von Amerika.

»Wenn wirtschaftliche Neubildungen entstehen, so pflegt derjenige, der sich durch solche Erscheinungen gehemmt fühlt, selten nach den Ursachen solchen Werdens zu fragen. Die erste Frage lautet allermeistens: ›Was kann man dagegen tun?‹«, schrieb der ehemalige Staatssekretär Prof. Dr. Julius Hirsch rückblickend wie vorausschauend in einer Festschrift des Verbandes Deutscher Waren- und Kaufhäuser im Jahre 1928. (Hirsch, S. 59)

Gegen die erfolgreichen Warenhäuser formierte sich Widerstand aus den Reihen der schwächeren Wettbewerber und schwächer werdenden Hersteller ebenso wie aus selbsternannten Schutzvereinen, vom politisch rechtesten Rand, und auch aus dem antisemitischen Lager. Politisch versuchte man mit Zugangsbeschränkungen, neuen Bauordnungen, Sondersteuern für die Betriebsform Warenhaus und Filialsteuern in den Kommunen die Warenhäuser zu ruinieren oder aber zumindest zurückzudrängen. Die detaillierte Darlegung dieser Geschichte würde den Umfang einer »Jüdischen Miniatur« sprengen. Im Ergebnis ging dieser »Kulturkampf« aber zugunsten der Warenhäuser aus. Zwischen 1897 und 1911 führten zwar alle deutschen Bundesstaaten Warenhaussteuern als zusätzliche Abgaben für größere Handelsunternehmen ein, die mehrere willkürlich definierte Sortimente gleichzeitig führten und bestimmte Flächen- und Umsatzzahlen überschritten. Von Kommunen erhobene Filialsteuern sollten die Expansion zusätzlich eindämmen. Aber die Warenhäuser rationalisierten intern, banden ihre Lieferanten in die Verteilung neuer Lasten ein, bekamen in ihrem Metier fast keine neue

Konkurrenz und konnten so unter Druck gesetzt sogar noch an Stärke gewinnen. Politisch und juristisch gelang es den Warenhäusern, diese Diskriminierungen in den Folgejahren wieder abzubauen.

Vom Einzelkaufmann zur Familien-AG

Ein wesentlicher Garant der kontinuierlichen Entwicklung vom kleinen Laden über eine Kette von Filialgeschäften zum filialisierten Warenhausunternehmen war natürlich die Unternehmensleitung. Hier setzte Leonhard nach den schon erwähnten schlechten Erfahrungen mit wenig vertrauenswürdigen Fremden und in einem geschäftlichen Umfeld, das einem Juden doch regelmäßig seine Grenzen der Reputation aufzeigte, auf den Hort traditionell engsten Zusammenhaltes, die Familie.

Flora und Leonhard Tietz

In der Gründungsphase spielte zunächst Flora Tietz eine entscheidende Rolle im Unternehmen. Sie leitete den Laden bei den Abwesenheiten Leonhards und kümmerte sich um Dekoration und Schaufenstergestaltung. Aus schwer verkäuflicher Wolle fertigte sie z.B. gemeinsam mit dem Personal Strickmützen für den Verkauf und legte so schon in Stralsund den Grundstein für die Eigenproduktion.

Im weiteren Verlauf der Entwicklung trug sie wesentlich zur Rekrutierung der Führungskräfte von Leonhard Tietz bei, der ihren Vorschlägen stets zu folgen pflegte. Mit Floras Brüdern Sally (1881) und Max (1889) sowie den Cousins Louis Schloß (1888) und Willy Pintus (1892) traten nahe Verwandte frühzeitig ins Unternehmen ein und übernahmen wachsende Verantwortung. War Leonhard Tietz 1879 handelsrechtlich noch als Einzelkaufmann gestartet, traten die Baumann-Brüder 1892/93 als Kommanditisten der nunmehrigen Leonhard Tietz KG ein. Alle freien Mittel steckten sie ebenso wie die beiden Cousins in das Unternehmen.

Ein gutes Beispiel ergibt sich aus den Erinnerungen des Sohnes von Louis Schloß: vom Reinverdienst seines Vaters von ca. 180.000 bis 200.000 Reichsmark p.a. überwies dieser nach Abzug der Steuern und bei relativ sparsamer Lebensführung ca. 160.000 Reichsmark jährlich an Leonhard Tietz für Investitionen ins

Unternehmen. Erst 1897, acht Jahre nach Eintritt in die Firma, nahm Schloß seinen ersten Urlaub.

Bei der starken Filialisierung wurden weitere verlässliche Leiter von Niederlassungen benötigt, der eigene Nachwuchs war noch zu jung, also suchte Flora Tietz geeignetes Personal in der weiteren Familie insbesondere bei Nichten, deren Männer aus dem Textilfach oder Handel kamen. Sie übernahmen dann die Filialleitungen in Düren, Aachen und Krefeld. Den Expansionsschritt nach Belgien im Jahre 1900 verantwortete wesentlich mit Paul Wolff ein weiterer Cousin, die eigene Einkaufsorganisation in Berlin baute mit Moritz Wolff ein weiterer Verwandter auf.

Wenn auch andere Warenhausgründer die Familie stark ins Unternehmen integrierten, so geschah das »vertikal« in Gestalt der Kinder und deren Ehepartner (Oscar Tietz, Inhaber von »Hermann Tietz«) oder »horizontal« (Adolf Jandorf, der KaDeWe-Gründer mit seinen vier Brüdern), in keinem Fall aber so umfassend und durch Flora vernetzt wie bei der Firma Leonhard Tietz. Später sollten fast alle Kinder der Führungskräfte und nicht nur die des Gründers für verantwortliche Positionen aufgebaut werden, allerdings nicht, ohne das Geschäft – oft beginnend in anderen, befreundeten Handelshäusern – von der Pike auf lernen zu müssen. In den Folgejahren wurde Führungsnachwuchs dann auch gezielt im eigenen Unternehmen ausgesucht und ausgebildet.

Die Familie spielte aber nicht nur im eigenen Unternehmen eine zentrale Rolle. Von der Gründung der Firma an kooperierte Leonhard Tietz eng mit den Verwandten, die ebenfalls in den Einzelhandel gegangen waren. Das Ziel bestand dabei darin, die weitgehend identischen Geschäftsmodelle für die Markenbildung »TIETZ« zu nutzen. Vor allen Dingen aber gelang es in Kooperation, den für das Geschäft entscheidenden Einkauf, wo immer es ging, zusammenzulegen, um Volumen nachzufragen, die den günstigsten Einkauf ab Fabrikation ermöglichten. Das gelang schon zu einer Zeit, in der eigentlich alle Einzelhandelsunternehmen noch über den Großhandel als kostenträchtige Zwischenstufe einkaufen mussten und Fabrikanten – oft auch unter Druck der anderen Händler – in der Regel den direkten Bezug verweigerten.

In seiner Eröffnungsanzeige für das Geschäft Leonhard Tietz in Amberg 1888 erschien eine Aufzählung mit »u. a.« 22 Städtenamen unter der Überschrift »Gleiche Geschäfte«. Es finden sich neben Leonhards Standorten die der Onkel Heinrich (u. a. Nürnberg und Greiz), Julius (u. a. Erlangen) und Marcus (Bamberg). Natürlich ist Bruder Oscar (u. a. Gera und Weimar) mit von der Partie.

Die Familie also, dieser besonders verbundene Kreis von Menschen, der in der langen Geschichte der Diaspora des jüdischen Volkes Garant des Überlebens und der Bewahrung der Tradition gewesen ist, war für die Entwicklung der Firma, für ihre erfolgreiche Führung von überragender Bedeutung.

Der Erfolg des ersten vollwertigen Warenhauses in Köln aber auch die Entwicklung der konkurrierenden Warenhausunternehmen hin zu großflächigen Häusern in guten, also in der Regel teuren Lagen, die Herausforderung, neue Häuser hochwertig auszustatten und natürlich die Notwendigkeit, immer größere Warenmengen einkaufen zu müssen – all diese Anforderungen ließen einen hohen Kapitalbedarf in Gegenwart und Zukunft erkennen.

Leonhard Tietz und die Baumann-Brüder entschieden sich daher, die Leonhard Tietz Kommanditgesellschaft zu beenden und gründeten am 17. März 1905 die Leonhard Tietz Aktiengesellschaft. Mitgründer waren die bereits erwähnten Cousins Louis Schloß und Willy Pintus. Das Gründungskapital betrug 10 Millionen Mark, von denen 6 Millionen Leonhard Tietz und jeder der vier Mitgründer jeweils eine Million übernahm.

In den ersten Jahren blieb die Aktiengesellschaft noch in den Händen der Gründer, aber bereits 1909 erfolgte die Einführung der Aktien der Leonhard Tietz AG

Sally Baumann

Max Baumann

Willy Pintus

Louis Schloß

Die engsten Gefährten und Teilhaber

an der Berliner Börse, wo sie erstmalig am 2. Juni 1909 zum Kurs von 115 Prozent notiert wurden. Die Leonhard Tietz-Aktie wurde zum ersten börsennotierten Warenhauspapier in Deutschland.

Der Vorstand arbeitete zu Lebzeiten Leonhard Tietz' immer im Warenhaus an der Hohe Straße und entwickelte einige Besonderheiten. So trafen sich die ständig in Köln anwesenden Vorstandsmitglieder, also Leonhard Tietz und die Baumann-Brüder zu einer täglichen morgendlichen Besprechung im kleinen Hof auf der Straßenseite An St. Agatha. Dort befanden sich Personaleingang und Warenannahme. Die Herren schritten auf und ab, tauschten sich aus und nahmen zugleich das Defilee der Mitarbeiter ab. Zu spät Kommende wurden vor Ort persönlich begrüßt. Diese Übung hatte durchaus erzieherischen Wert, wer wollte schon von drei Vorständen mit einer tiefen Verbeugung und einem ironischen »Guten Morgen, Fräulein…« empfangen werden?

Der tägliche, persönliche Kontakt zur Belegschaft erleichterte aber auch Personalentscheidungen, wenn gerade jemand für eine neue Aufgabe gesucht wurde. Die Verkündigung guter Nachrichten wie beschlossener Gehaltserhöhungen behielt sich anschließend der Chef selber vor, so erinnerte sich Ernst Baumann 1966. Die Überbringung schlechter Nachrichten bis hin zur Kündigung oblag hingegen Ernst Baumanns Vater Max. (Baumann, Interview 2.6.1966, S. 1f)

Eine weitere Besonderheit der Unternehmensführung bestand darin, dass Leonhard Tietz bis zum späteren Umzug in den 1914er Neubau kein eigenes Kontor in Anspruch nahm. Vielmehr residierten die in Köln ansässigen Vorstände und vermutlich mindestens auch der Prokurist Max Grünbaum an einem aus mehreren Schreibtischen zusammen geschobenen Riesenarbeitstisch. In dieser permanenten Vorstandssitzung konnte man sich natürlich laufend abstimmen, Rat und Meinungen einholen, aber auch nicht an den Kollegen vorbei verhandeln oder entscheiden. Regelmäßig stießen die Vorstände Pintus aus Mainz und Schloß aus Koblenz hinzu.

Charakteristisch für Leonhard und seine engste Führungsmannschaft war, dass sie zwar alle aus traditionell jüdischen Familien stammten, sich selbst aber eher dem liberalen Judentum zuwandten und die Synagoge nur zu den hohen Feiertagen besuchten. Allerdings ließ Leonhard Tietz seine Geschäfte an allen hohen jüdischen Feiertagen geschlossen. Diese Übung wurde erst nach der Umwandlung in die Aktiengesellschaft abgeschafft, vorher aber sehr konsequent praktiziert.

Von Deutschland nach Belgien

Im Jahr 1900 wagte Leonhard Tietz den Schritt über die Grenze ins benachbarte Belgien und eröffnete ein erstes Geschäft in Antwerpen. Das »Tietz-Konzept« wurde derartig gut angenommen, dass 1908 ein neues großes Geschäft bezogen werden konnte und Leonhard Tietz im selben Jahr Geschäfte in Mecheln, Brügge und St. Niklas erwarb. Fast zeitgleich integrierte er bestehende Warenhäuser in Lüttich und Brüssel in seine belgische Firma »Grands Magasins L. Tietz«.

Während der Brüsseler Weltausstellung eröffnete Tietz das zu seiner Zeit unübertroffen größte und modernste Warenhaus Belgiens in einem Neubau in der Rue Neuve 83–97. 1.000 Mitarbeiter arbeiteten im Groß-Warenhaus mit angeschlossenem eigenen Reisebüro und Leihbibliothek. Damen-

Ansichtskarte – Leonhard Tietz, Antwerpen

45

und Herrenkonfektion spielten im Sortiment eine große Rolle. Neben eigenen Produktionen aus den Ateliers von Tietz gab es Neuheiten aus der Modehauptstadt Paris. 1906 wurden eine Niederlassung als Einkaufshaus in Konstantinopel und 1912 ein eigenes Einkaufsbüro in Paris gegründet.

Gemeinsame Messebesuche und Geschäftsreisen insbesondere mit seinem Bruder Oscar gehörten für Leonhard Tietz zu den internationalen Aktivitäten und runden zugleich das Bild der innerfamilären Kooperation ab.

In der ihnen eigenen Bescheidenheit teilten sich die Brüder meist ein Hotelzimmer. Oscars Sohn schildert in seinen Erinnerungen die Aktivitäten der Ehefrauen Flora und Betty Tietz, im Nachgang zu diesen Reisen die Kleiderstücke der sich auch äußerlich ähnlichen Brüder wieder zurück zu tauschen, kam doch meist einer der beiden mit den Hosen oder dem Rock des anderen bekleidet nach Hause! (Georg Tietz, S. 54)

Einkauf, Eigenmarken und Versand

Der Einkauf in Berlin, dem damaligen Zentrum der Konfektion wurde immer wichtiger und das bestehende Einkaufsbüro 1905 zum Einkaufshaus aufgewertet, auch die Herstellung von Bett- und Tischwäsche sowie eigener Herren-Oberhemden erfolgte dort für den wachsenden Konzern.

1910 eröffnete ein großes Einkaufshaus im Zentrum der sächsischen Tuch- und Textilindustrie, der Industriestadt Chemnitz. Trikotagen, Handschuhe und Wollwaren wurden dort eingekauft, Strümpfe und Socken auch gleich in einer angeschlossenen Fabrikation hergestellt. Darüber hinaus befand sich hier auch der zentrale Einkauf für Teppiche, Gardinen, Dekostoffe, Linoleum und Wachstuche.

Natürlich ging das Bestreben der entstehenden Warenhäuser aus ihrem Wesen heraus immer zur Optimierung der Einkaufskonditionen. Ein wesentliches Ziel bestand darin, Zwischenhändler auszuschalten, um niedrigste Preise für den angestrebten schnellen Warenumsatz kalkulieren zu können. Aber erst in der Zeit zwischen 1900 und dem Ausbruch des Ersten Weltkrieges gelang das in größerem Umfang.

Vor 1900 gab es sogar Fabrikantenverbände, die sogenannte rote Listen der von ihnen anerkannten Bezieher veröffentlichten und an andere Interessenten nicht lieferten. Natürlich war eine solche Absatzpolitik im Zeitalter der Industrialisierung und Großproduktion im Wortsinne kontraproduktiv, stand der eigenen Entwicklung im Wege und konnte nicht von Bestand sein. Dennoch war diese restriktive Politik vieler Hersteller einer der Gründe, als Händler selbst bestimmte

Sortimente herzustellen. Hinzu kam seit der frühen Zeit in Stralsund das Bestreben, bestimmte gängige Produkte schnell bei Bedarf zu fertigen, auch um »Spitzen« der Nachfrage zu meistern.

Fabrikanten hatten sich da, wo die direkte Kooperation und Belieferung von Leonhard Tietz oder allen Tietz-Unternehmen einsetzte, schnell daran zu gewöhnen, dass ihre neuen, wichtigen Abnehmer nicht nur die vorhandenen Sortimente kauften, sondern selbst Vorgaben für die Produktion machten. So wurde ein Paradigmenwechsel in den Beziehungen der Wertschöpfungskette durch die Warenhäuser eingeleitet. Jetzt gab das Handelshaus mit seiner Kundenkenntnis vor, was in welcher Qualität und Stückzahl wann zu produzieren sei. Dabei stützten sich Unternehmen wie Leonhard Tietz nicht mehr nur auf Erfahrungen und jährliche Inventuren oder einen Blick ins Lager, die straffe Verkaufsorganisation und immer modernere Kassensysteme boten ein System von Rechnungsführung und Statistik, das jederzeit Auskunft darüber geben konnte, wie und wo welche Waren nachgefragt wurden, um sofort und flexibel reagieren zu können.

Eine große Rolle sollten dabei sehr bald Eigenmarken spielen. Eine der ersten Hausmarken hieß »Präzentra«, zahlreiche weitere wie »LISA« oder Ableitungen aus dem Firmennamen wie »ELTAG« sollten bald schon folgen. Ursprünglich wurden Hausmarken genutzt, um die selbst produzierten Waren im Unternehmen wirksam platzieren zu können, andererseits waren sie, da naturgemäß nur im Handelshaus erhältlich, ein Mittel zur Kundenbindung, soweit Preis und Leistung stimmten. Im Falle selbst produzierter Ware war man natürlich von schwankenden Lieferbeziehungen unabhängig, konnte vor allen Dingen Engpässe schnell ausgleichen und freie Produktionskapazitäten mit der Planung von Sonderaktionen zeitlich flexibel ausfüllen. Die Eigenherstellung befand sich insgesamt gegenüber den eingekauften und unter der Handelsmarke hergestellten Waren deutlich im Hintertreffen, da der Einkauf und die Verhandlungen mit zahlreichen Herstellern mehr Flexibilität boten. So blieb auch die 1912 in Betrieb gegangene eigene Strumpffabrik in Bitburg eher eine Ausnahme. Zunehmend waren Fabrikanten bereit, bei entsprechenden Stückzahlen, anstelle unter dem eigenen Markennamen, unter dem des Auftraggebers zu produzieren. Die Kosten für die »Pflege« einer fremden Marke, die Aufschläge für das Image bekannter Marken entfielen dabei für den Händler. Gleichzeitig bot sich Markenartikelherstellern die Gelegenheit, ins Geschäft mit den Warenhäusern zu kommen, ohne dass die bekannte Marke Verwendung fand und Abnehmer im exklusiven Fachhandel verärgerte. Auch andere Warenhäuser beschritten den Weg zur Eigenmarke erfolgreich, eine der bekanntesten Hausmarken sollte die aus dem Zusammenziehen der Anfangsbuchstaben des Hauses »HERmann TIEtz« frühzeitig entstandene Hausmarke »HERTIE« werden, deren Bekanntheit sich viel später im Rahmen der sogenannten Arisierung des Warenhauskonzerns die Ariseure nutzbar machten, indem sie das Unternehmen in HERTIE umbenannten. Eigenmarken gab es in vielen Sortimenten, vom Seifenpulver bis zu Wäscheknöpfen. Heute, über hundert Jahre später, sind gut positionierte Eigenmarken in allen Sortimenten Bestandteil einer erfolgreichen Strategie vieler Handelsunternehmen, aber nach wie vor gerade im Warenhaus von großer Bedeutung. Eigene Produktionen machten auch unter den anderen deutschen Warenhäusern Schule, wobei Rudolph Karstadt hier das umfassendste Netz von Fabrikationsstätten errichtete.

Zum umfassenden Service der Leonhard-Tietz-Häuser gehörte neben der Orientierung auf den Kunden im Geschäft auch sehr frühzeitig, die gekauften Waren zu liefern (aus Köln ab 10 Mark Einkaufsvolumen bis zu 80 Kilometer frei Haus!). Vor der umfassenden Individualmotorisierung und der Schaffung dichter Nahverkehrssysteme war dieser Service ein Segen für die Gäste des Hauses. So firmierte das Haus in der Hohe Straße 45 bereits auf dem Deckblatt der »Haupt-

Preisliste 1896/97« als »Haupt-Geschäft und Versand-Abtheilung«. Neben dem dezenten Hinweis auf die Eigenschaften »Kölns grösstes Verkaufshaus« und »Sehenswürdigkeit der Stadt« zu sein, findet sich auch hier das Motto des Gründers Leonhard Tietz »Durch reelle, billige Preise schneller, grosser Umsatz«. »Das Verkaufshaus Leonhard Tietz besuche man vor jedem Einkauf im eigenen Interesse.«, empfahl der Katalog dem geneigten Leser.

Interessant sind neben einem umfassenden Angebot von Waren die komplette »Speisezimmer-Einrichtung in reicher Ausführung für zwölf Personen für 155,– Mark oder Schlafzimmer-Einrichtungen, die zu jener Zeit allerdings aus je zwei »Waschbecken, Wasserkannen, Nachtgeschirren, Seifdosen, Zahnbürstendosen« sowie je einem »Handleuchter mit Feuerzeug, Toiletteeimer und Wasserservice mit zwei Gläsern« bestanden (Summe 42,– Mark). So illustriert die Preisliste von Leonhard Tietz auch detailliert den Alltag und die Lebensgewohnheiten um die Jahrhundertwende.

Als besondere Spezialität werden »Complette Aussteuern« beworben. Aus heutiger Perspektive, mit einem sehr ausdifferenzierten Marktgefüge, sind die Angebote an potentielle Geschäftskunden bemerkenswert, insbesondere gewidmet »Den Herren Restaurateuren, Hoteliers u. Gastwirthen«, denen von Bestecken über Geschirre, »Schnapskännchen von 6 Pfg. an«, »Gusseiserne und emaillierte Kochgeschirre« bis zu »Restaurations-Stühlen« und allen »übrigen hauswirthschaftlichen Geräthe und Maschinen« ebenso Angebote unterbreitet wurden wie Händlern »Zur Einrichtung von Colonial-, Delicatess- u. a. Geschäften«.

Aus dem für damalige Zeiten fast unübersehbar breiten Angebot von u. a. ganzen Schlafzimmereinrichtungen, Kinderwagen, Stühlen aller Art, Teppichen, Gardinen, Tischwäsche, Schmuck, Schreib- und Spielwaren, Kleiderstoffen, Trikotagen, Hüten, Hemden und Korsagen seien als Ausdruck vergangenen Zeitgeschmacks die mit »Ganz entzückende Sachen!« überschriebenen Büsten erwähnt: »Araber, Singhalesen, Rococo-Büsten, Beduinen, Tyroler, Japaner etc. etc. in decorirter Hartgussmasse…von 20 bis 90 cm Höhe in allen Preislagen«. Nach diesem Angebot folgen auf der letzten Seite der Hauptpreisliste nur noch »Crucifixe, Heilige Figuren u. Bilder, Weihkessel in Porcellan u. Guss, Rosenkränze, Communion- und Gebetbücher«.

Bemerkenswert und typisch für die werdenden Warenhäuser war die eigene Buchabteilung nebst Bücherausleihe. Auch Theater und Opernbillets wurden verkauft.

Pionier und Virtuose der Werbung

Leonhard Tietz gehörte – wie schon erwähnt – zu den Pionieren der Handelsreklame in Zeitungen. Darüber hinaus gab es bereits frühzeitig eine intensive Pressearbeit, um sich auch in den redaktionellen Teilen der Zeitungen gut wieder zu finden. Einen Beleg dafür fand Fuchs (100 Jahre Kaufhof, Köln 1991, S. 41) in der auffallenden Übereinstimmung ganzer Textpassagen in den Berichten verschiedener Kölner Zeitungen über die Eröffnung der Passage 1902.

Die Bedeutung der über das Anzeigengeschäft hinausgehenden medialen Begleitung für ein Handelsunternehmen wurde von Leonhard Tietz früh erkannt.

Natürlich spielte neben der noch näher zu betrachtenden architektonischen Präsenz die Gestaltung der immer zahlreicher werdenden Schaufenster, der wachsenden Warenhäuser eine zentrale Rolle. Die Chefin allein konnte das nicht mehr wie einst in Stralsund bewerkstelligen. Bediente man sich in den ersten Jahren sogenannter Wanderdekorateure, so entstanden mit den großen Häusern neue Berufsbilder. Das Haupthaus in Köln wies nach seiner Fertigstellung als Passage über 40 eigene Schaufenster auf. Schaufensterdekorateure bildeten bald eine eigene »Zunft« im Kreis der Handelsangestellten und verorteten sich selbst an der Schnittstelle von Kunst und Kommerz. Ihnen oblag es, die Häuser einladend zu gestalten und über die wahlweise prächtig, originell oder modern gestalteten Auslagen die Aufmerksamkeit der Passanten zu wecken, aus Spaziergängern Kunden und aus beiden neue Werbeträger zu machen, die ihren Mitmenschen in den noch grauen Großstädten mit den oft nicht sehr bunten Wohnquartieren vom Gesehenen begeistert berichten und Neugier wecken würden.

Man darf sich die großen deutschen Städte zu Beginn des 20. Jahrhunderts nicht in der heutigen Lichtfülle vorstellen: Funzelige Gaslaternen und wenig Straßenverkehr ließen die Abende und Nächte dunkel sein. Eben darum setzten die Geschäfte und allen voran die Warenhäuser auf die neuen Möglichkeiten der Elektrizität und machten sich im Wortsinne zu Lichtgestalten der Stadtentwicklung. Gerade in den dunkelsten Wochen des Jahres, kurz nachdem der Lichterglanz der Weihnachtsbäume in den Häusern erloschen war, setzten Pioniere wie Leonhard Tietz mit der aus Frankreich früh übernommenen Werbeidee der »Weißen Wochen« neue Glanzpunkte.

Im Mittelpunkt der beworbenen Sortimente standen Leinenwaren und andere Textilien, seien es Bettwäsche, Trikotagen, Handtücher, Stoffe als Meterware, alles in weiß. Aber auch in allen anderen Abteilungen dominierten weiße, helle Produkte das Sortiment, ob Teppiche, Schuhe, Galanteriewaren, zahlreiche Haushaltsartikel, Porzellane oder auch

Die »Weiße Woche« als Reklamemarkenmotiv

Lebensmittel (oder deren Verpackungen), die Häuser wurden innen aufwändig weiß dekoriert, die Schaufenster leuchteten voll weißer Produkte. Später gab es in der Regel sogar eine eigene weiße Lichtreklame nur für diese Tage zum Jahresbeginn. Mit den »Weißen Wochen« gelang es Leonhard Tietz, die nach dem Weihnachtsgeschäft als unstrittigem Umsatzhöhepunkt des Jahres erlahmte Konsumbereitschaft der Kunden wieder aufzuwecken. Gleichzeitig konnten Hersteller in der nachweihnachtlichen Nachfrageflaute noch mehr motiviert werden, zu günstigsten Konditionen zu liefern, war das doch jedenfalls besser, als Pausen in der Produktion einlegen zu müssen.

Die Sortimentsvielfalt auf Reklamemarken

Die ursprüngliche Orientierung auf Haushaltswaren entsprang auch der Erkenntnis, dass die Familienfeiern zu Weihnachten und Silvester in den Haushalten die Gelegenheit boten, Mängel bei der eigenen Ausstattung festzustellen und natürlich hinterher auch manches Tischtuch nicht mehr so reinweiß war ... Die »Weißen Wochen« wurden gewissermaßen zum Vorläufer aller groß angelegten Sonderverkaufsaktionen. Später sollten Saisonschlussverkäufe an ihre Stelle treten, wobei deren Ziel eher im Abverkauf von Restanten zum Ende der Winter- oder Sommersaison bestehen würde.

Wer im 21. Jahrhundert »Weiße Wochen« im Internet sucht, wird feststellen, dass die alpinen Skigebiete diesen alten Handelsterminus für das eigene Marketing fest adoptiert haben. Verweise auf den Ursprung des Begriffes sind nur schwer auffindbar. Über Jahre editierte die Firma eigene Agenden als anspruchsvoll gestaltete Kalendarien in Verbindung mit interessanten thematischen Textteilen und einer Selbstdarstellung des Unternehmens.

Neben der Zeitungsreklame, Sonderaktionen und einer intensiven Werbung mit Plakaten nutzte Leonhard Tietz auch ein heute fast völlig in Vergessenheit geratenes Werbemittel: die Reklamemarken. Sie waren meist in der Form von Briefmarken gezähnt und gummiert gestaltete Kleinstgrafiken als Werbeträger. In einer Zeit, in der die Briefpost auch im geschäftlichen Bereich im Zentrum der Kommunikation stand, lag es

Tietz-Marken als Sammelobjekte

nah, die Umschläge der Briefe auch mit originellen, regelmäßig neue Motive bietenden, meist bunten Marken zu verschließen. Nutzten Hersteller dieses Medium vor allem, um auf einzelne Produkte oder Marken zu verweisen, boten sich dem Handel vielfältigere Möglichkeiten. Einerseits verwandte Leonhard Tietz ebenso wie andere Handelshäuser Reklamemarken, um auf die vielfältigen Sortimente allgemein aufmerksam zu machen. Andererseits fanden Reklamemarken auch Verwendung, um die eigenen Geschäfte voller Stolz und Selbstbewusstsein abzubilden, ja in eine Reihe mit den Sehenswürdigkeiten einer Stadt zu stellen. Außerdem boten diese Kleindrucke die Gelegenheit, schnell und ohne großen Papieraufwand aktuelle Aktionen, Sonderverkäufe oder Ausstellungen zu bewerben oder auf bestimmte lokale Ereignisse aufmerksam zu machen.

Zudem wuchs die Zahl der Reklamemarkensammler schnell an. Diese Werbeträger wurden zum Sammel- und Tauschobjekt weiter Kreise und konnten so zur Kundenbindung eingesetzt werden. So gab Leonhard Tietz für ein Jahr z. B. 12 Monatsmotive heraus. Handelshäuser (wie auch oft Hersteller) emittierten Reklamemarkensätze zu bestimmten Themen der Orts- und Heimatkunde oder Geschichte. In den 1920er Jahren lag übrigens die Zahl der organisierten Reklamemarkensammler in Deutschland deutlich über der der Philatelisten, was bei der eher eintönigen Gestaltung der frühen deutschen Briefmarken kaum verwundert. Und manchmal gelang es sogar, auf Reklamemarken anderer Unternehmer aufzutauchen: weil das Warenhaus zur Landmarke geworden war, zu einem Herzstück der Innenstadt, das sich als Orientierungspunkt eignet.

Fürsorglicher und engagierter Kaufmann

Eine Reklamemarke des Hauses Tietz, mit welcher auf den Düsseldorfer Kinder-Hilfs-Tag am 20. April 1913 hingewiesen wird, steht exemplarisch dafür, dass Leonhard Tietz sich auf dem Höhepunkt der unternehmerischen Entwicklung auch sozialen Fragen zugewandt zeigte. Die Zeichnung zweier einander an den Händen haltender verhärmter Kinder stammt zwar aus der Feder des Tietz-Reklamezeichners Adolf Uzarski, wirkt aber deutlich nicht als Werbung sondern wie eine politische Anklage und ist somit ein deutlicher Aufruf zur Hilfe.

Politisch aktiv wurde Leonhard Tietz auch als Mitglied im Verband Deutscher Waren- und Kaufhäuser, dessen Gründung sein Bruder Oscar 1903 erreicht hatte. Unter dem Vorsitz von Oscar wirkte Leonhard seit der Verbandsgründung im Ausschuss der Organisation mit, die als der erste nationale branchenübergreifende Handelsverband angesehen werden kann.

Dieser Verband führte die Auseinandersetzungen um die Warenhaussteuer, setzte aber auch maßgebliche Akzente in der Sozialpolitik, bei der Gestaltung des Wettbewerbsrechtes, der Steuerpolitik und Konditionengestaltung im Geschäftsleben. Im Verband und seinen Gremien fanden regelrechte Heimattreffen statt. Neben den Brüdern Leonhard und Oscar Tietz waren

… nicht nur Warenwelten im Focus,
eine Tietz-Marke für Kinder in Not

aus der weiteren Familie die Firmen »H.&C. Tietz« und das Warenhausunternehmen von Julius Tietz vertreten. Aber auch die Geschwister Knopf aus Karlsruhe, die Familie Wronker aus Frankfurt/Main, die Joskes aus Berlin und die Ury's aus Leipzig – acht der wichtigsten deutschen Warenhausgründer Deutschlands kamen aus Birnbaum an der Warthe, kannten einander in der Regel von Kindesbeinen an und legten so den Grundstein für den *Mythos Birnbaum,* die besondere Bedeutung dieser Kleinstadt für den deutschen Handel. Sie alle waren Juden und deshalb fand die Stadt an der Warthe später auch Eingang in die Hetzschriften der Nazis. Hans Buchner schrieb 1930 in der Nationalsozialistischen Bibliothek von den »teils reinrassigen Typen der …Knopf…und … halben Talmiköpfen der Tietz, Wronker, Joske, Ury und wie sie alle hießen, die aus Birnbaum und von weiter östlich herkamen«. (Buchner, S. 3)

Als Mitglied des Vorstandes seiner Synagoge engagierte sich Leonhard Tietz in der Jüdischen Gemeinde und unterstützte u. a. sowohl das jüdische Waisenhaus als auch das jüdische Lehrlingsheim in Köln, der Stadt, in der er eine neue Heimat gefunden hatte und deren Menschenschlag in seiner geselligen und gleichzeitig sehr offenen Art ihm sehr zusagte. Er blieb ein Freund der Künste und regelmäßiger Operngänger. Mit dem gewachsenen Wohlstand sammelte Leonhard Tietz auch selbst Kunst und wirkte als Mäzen. So stiftete er 1910 das Gemälde »Das Jagdfrühstück« von Gustave Courbet dem Kölner Wallraff-Richartz-Museum. Selbst war er der Moderne zugeneigt und saß 1911 wiederholt in Berlin bei Max Liebermann Modell, der ein Porträt von ihm malte. Am 12. Oktober 1911 bestätigte Liebermann in einem Brief den Empfang des Honorarschecks und zerstreute offensichtlich seitens Leonhard Tietz vorgetragene Bedenken wie folgt: »Ich freue mich sehr, dass das Bildnis Ihren Beifall findet und ich bin mir gewiß, daß gewisse Farben im Bilde, die Sie augenblicklich stören, mit der Zeit durch die Patina, welche die Grelligkeit der Töne vermindert, vor Ihren Augen verschwinden werden.«

Eine bereits 1899 gegründete und mit einem »Geschenk des Herren Leonhard Tietz« über 5.000 Mark ausgestattete Betriebskrankenkasse gab es im Unternehmen ebenso wie die Personalbibliothek, den Sportverein und ab 1911 ein Damen-Erholungsheim in Daun/Eifel. Als eines der ersten deutschen Handelsunternehmen richtete Leonhard Tietz einen Ausschuss für die kaufmännischen Angestellten ein, der als Vorgänger einer erst deutlich später gesetzlich geregelten Mitbestimmung gelten kann. Fünf Mitarbeiter, die jährlich in geheimer Abstimmung gewählt wurden, nahmen sich der eingereichten Beschwerden und Wünsche an, griffen bei »Differenzen, welche sich überall einmal zwischen dem Chef und den Angestellten ergeben, vermittelnd ein« und bearbeiteten »Anträge auf Zuwendungen aus der Personalunterstützungskasse« für die Geschäftsleitung. (Wernicke, Das Waren- und Kaufhaus, S. 139)

So zeigte sich Tietz auch im eigenen Unternehmen als fürsorglicher Kaufmann, dem gute Arbeitsbedingungen ein Anliegen waren und der das Familienunternehmen offenbar stets auch wie eine große Familie unter seinem Patriarchat wahrnahm.

Wie bei vielen bedeutenden Gründern und Unternehmern blieb bei einer solch großen Familie oft zu wenig Zeit für die eigenen Nachkommen: Alfred Leonhard, Luise, Annie und Gerhard Leonhard. Diese Generation wuchs in zunehmend großbürgerlichem Milieu heran. Mit Beginn des neuen Jahrhunderts zogen alle Familien der Gründer nach und nach in respektable Villen und veränderten sichtbar ihren Lebensstil. Natürlich befanden sich die Häuser der drei Kölner Vorstände wieder in enger Nachbarschaft, man lebte die große Nähe auch privat. Man darf Leonhard Tietz durchaus als einen Pionier der E-Mobility bezeichnen, da er bereits um 1900 in einem Elektro-Automobil chauffiert wurde. (Interview Ernst Baumann, S. 6)

Auch wenn Tietz nicht in die Gruppe der alten Familien Kölns vorstieß, lebte man das Leben anerkannter und respektierter Bürger, konnte sich angekommen wähnen. Sohn Alfred Leonhard diente als Einjährig Freiwilliger im elitären Gardekürassierregiment in Berlin und Vater Leonhard wurde 1912 mit dem Roten Adlerorden 4. Klasse dekoriert.

Mehr als nur Fassade:
Kaufmann und Stadtentwickler

Der geschäftliche Erfolg des Konzeptes der Filial-warenhäuser erforderte regelmäßig eine Ausweitung der einzelnen Niederlassungen. War dieser Schritt nicht mehr in den ursprünglichen Filialen möglich, wurden größere Geschäfte vor Ort angemietet oder wie vorab beschrieben der Schritt in die eigene Immobilie gegangen, häufig verbunden mit einem zweckmäßigen Neubau. Die starke Nachfrage nach den Angeboten der Warenhäuser und eine wachsende Kaufkraft und Konsumbereitschaft in den Vorkriegs-jahren erforderte neue Konzepte und Formate hin-sichtlich der Warenhausarchitektur.

Mit der Passage in Köln war 1902/03 eine mögliche Richtung angedeutet worden. Größer, gediegener, heller sollte die neue Bühne des Warenverkaufs wer-den, die Zeiten randvoll mit Ware gefüllter und aus allen Nähten platzender Geschäfte mit schnellen Standortwechseln in das nächste, etwas größere

Format waren nach Auffassung von Leonhard Tietz vorüber. Attraktive Neubauten mit allen damaligen technischen Finessen und einem noch größeren Angebot an Waren und Dienstleistungen unter einem Dach würden von sich aus noch größere Kundenströme anziehen und für den dynamischen Vertriebskanal die beste Werbung sein.

Das Warenhaus war in der Stadt, die Warenhausbesitzer in der Gesellschaft angekommen. Auch dafür brauchte es neue sichtbare Zeichen. Von den nie verstummenden Gegnern der Warenhäuser und insbesondere von den Feinden der jüdischen Kaufleute wollte man sich längst nicht mehr in die Ecke der betrügerischen, ausbeuterischen »Ramschbasare« hineindrängen lassen.

Leonhards Bruder Oscar hatte bei seinem Schritt nach Berlin bereits 1900 mit dem Haus an der Leipziger Straße/Dönhoffplatz und noch massiver mit dem Neubau von Cremer und Wolffenstein 1905 am Alexanderplatz mit Großstadtwarenhäusern ebenso vorgelegt, wie Adolf Jandorf mit dem von Emil Schaudt entworfenen KaDeWe.

Leonhard Tietz ließ 1909 an der Königsallee in Düsseldorf sein erstes Großstadtwarenhaus neuen Typs errichten. Der renommierte Architekt Joseph M. Olbrich schuf »das große Monumentalwerk, das sein Lebenswerk krönt, das Düsseldorfer Warenhaus«.

*Dominant im
Stadtbild Düsseldorfs
steht auf der
Königsallee das von
Olbrich gebaute
Tietz-Haus*

*Eine Landmarke:
der Olbrich-Bau in Düsseldorf*

(Creutz, S. 5) Olbrich hatte im Jahre 1906 einen mehr-
stufigen Wettbewerb zur Bebauung des Grundstückes
gewonnen. Er starb jedoch im August 1908, als die
äußere Hülle des neuen Gebäudes stand, hinterließ
aber bis für das letzte Detail genaue Zeichnungen für
den Innenausbau. Die neben der heute noch zu besich-
tigenden Fassade hervorzuhebende Besonderheit des
Baues war der große mittlere Lichthof, den Olbrich den
»Dom« nannte. Bei 17 Meter (!) hohen, tragenden
Säulen aus Eisenbeton mit bunter Marmorverkleidung
lag die Assoziation zu Sakralbauten tatsächlich nahe.
Säulen dieser Größe fand man damals allenfalls im
Olympicion-Tempel in Athen, in der Isaak-Kathedrale
in St. Petersburg oder am Westtor des Berliner Domes
als Träger der Engelsfiguren.
Auch die Fassadengestaltung geriet monumental. »Es
ist kein Zufall, dass dieses Riesenwerk gerade in Düsseldorf entstanden ist. Hier am Eingang des großen
Industriebezirkes, in der Nähe der alten Kulturzen-
tren liegt es wie ein gewaltiger Mittelpunkt, der alle
Fäden einer großen modernen Anlage in sich verein-
igt«, schrieb Max Creutz und fuhr fort: »Das Werk gibt
gleichsam die Anleitung, wie rein architektonisch der
ganze Nordwesten Deutschlands als neue Großstadt
gegliedert werden müsste.« (Creutz, Düsseldorf, S. 5)
Die durch viele Pfeiler geprägte Fassade mit den
imposanten Dachaufbauten bot die Hülle für mehr als

4.500 qm Verkaufsfläche, auf welcher 1.100 Mitarbeiter unter der Leitung des damals 26-jährigen ältesten Sohnes von Leonhard, Alfred Leonhard Tietz, für die Kunden tätig wurden. Die Wirkung dieses Hauses in einem städtebaulich vom 19. Jahrhundert geprägten Umfeld bewog den Chronisten Creutz zu Vergleichen mit der Antike und der Gotik: »Wie ehemals die alten Kathedralen durch die angebauten Wohnhäuser um so gewaltiger erschienen, so thront auch hier der Aufbau der Architektur Olbrichs über seiner Umgebung.« (Creutz, S. 6)

Die Innenausstattung erfolgte hochwertig. Zeitgenössische Berichte heben die edle Anmutung durch aufwändig gestaltete Holzarbeiten hervor. Sämtliche Portale und Schaufenster waren in Makassar-Ebenholz, Innentüren aus Mahagoni oder grauem Ahorn, Säulenverkleidungen ebenfalls aus Mahagoni oder geräuchertem Eichenholz gefertigt. Darüber hinaus listet ein Chronist wie folgt auf: »Zu nennen ist der Costumesalon in Zitronenholz, das Reisebureau in weißem Ahorn, der Ausstellungsraum für Damenhüte in silbergrauem Ahorn, der Erfrischungsraum in finnländischem Birkenholz, der Teppichsaal in Eiche, der große Lichthof in dunklem Mahagoni, die Anproberäume in den verschiedensten Variationen, Nussbaum, Ahorn, Birnbaum usw., ferner die Kunstsalons in Ahorn und Ebenholz usw.« (Warenhaus Tietz in Düsseldorf,

S. 15) Wer allein die Bezeichnungen der eben genannten Räume Revue passieren lässt, wird sehen, welchen Weg Leonhard Tietz in dreißig Jahren vom kleinen Laden in der Ossenreyerstraße zurückgelegt hatte. Das breite und immer noch sehr preiswert kalkulierte Sortiment war ausgebaut worden, die neuen Prinzipien hatten sich durchgesetzt und alle Gesellschaftsschichten wurden gleichermaßen angezogen, konnten sich bei Leonhard Tietz etwas leisten und es sich mittlerweile auch leisten, dort gesehen zu werden. Die Demokratisierung des Konsums hatte einen neuen Höhepunkt erreicht.

Nach Neubauten in Mainz 1908, Köln-Mülheim 1910 und Kassel 1911 folgte im Jahre 1912 ein weiterer Monumentalbau mit dem von Wilhelm Kreis entworfenen Warenhaus in Elberfeld. Kreis hatte sich schon mit einigem Erfolg um den Bau des Hauses in Düsseldorf beworben und verwirklichte nun seine Sicht auf das moderne Warenhaus auf einem langgestreckten und nicht allzu tiefen Grundstück. Bewusst von Messel (Berliner Wertheim-Bauten) und Olbrich abweichend, strebte Kreis an, seinen Monumentalbauten »einen festen Horizontalabschluß zu geben, um dadurch das Haus in Einklang zu bringen mit unserer gesamten übrigen Bauweise« und sah in der Horizontalbetonung der Dachabschlüsse eine Möglichkeit »wieder ruhige Stadtbilder zu schaffen«. (Creutz, Das Warenhaus Tietz in

Leonhard Tietz in Elberfeld – Lichthof des Neubaues von Kreis

Leonhard Tietz in Elberfeld – Außenansicht

Elberfeld, S. 5) Wilhelm Kreis blieb dem Hause Tietz verbunden und übernahm auch den Entwurf und die Umsetzung des neuen Stammhauses in Köln. Befördernd für die Entscheidung, wenige Jahre nach der Fertigstellung des Passage-Komplexes an gleicher Stelle komplett neu zu bauen, dürfte neben dem Erfolg und Raumbedarf des Tietzschen Warenhauskonzeptes die Tatsache gewesen sein, dass die Stadt Köln im Rahmen der Neuordnung der Innenstadt die Anlage der Gürzenichstraße beschlossen hatte, um eine erste durchgängige West-Ost-Verbindung zu schaffen. Die anzulegende Straße würde das Passage-Grundstück nicht nur tangieren, sondern durchschneiden. Dieser Zusammenfall zweier Notwendigkeiten bot die Grundlage für einen neuen, großen Wurf und im Herbst 1912 bestaunten die Kölner eine Baugrube auf einer Fläche von 6.700 qm. Ein Grundstück dieser Größe in einer Innenstadtlage hatte Leonhard Tietz noch nie entwickelt.

Getreu seiner in Bezug auf das Elberfelder Haus bekannten Maxime zur Einbindung des Warenhauses in die Gesamtgestaltung der Innenstadt, sorgte Wilhelm Kreis dafür, dass der Monumentalbau mit drei unterirdischen und fünf oberirdischen Etagen in der Horizontalen eingefangen blieb. Um die Wucht des großen Baukörpers zusätzlich abzufangen, gestaltete Kreis einen unter dem Dach umlaufenden Fries mit Reliefs.

Der Neubau von 1914 in Köln, Hohe Straße

Gleichzeitig lockerte er die Monumentalität der Fassade durch ein Wechselspiel tiefliegender vertikal über mehrere Etagen verlaufender Hallenfenster mit in der Fassade oben und weiter vorne angebrachten Rundfenstern, welche in den Fries integriert wurden. Der Umgang des Hauses Tietz mit einer intensiven, öffentlichen Debatte über den Fries und seine Gestaltung wirft ein bezeichnendes Licht auf die Art der Unternehmensführung einerseits wie auch auf die sensible Beziehung zum Standort Innenstadt, das Bekenntnis zur behutsamen Stadtentwicklung andererseits.

Das ganze Projekt wurde lobbyistisch und medial durch einen jungen Werbefachmann geleitet. Hanns Ferdinand Kropff wurde mit der Leitung der Werbeabteilung betraut. Er hatte eine zu seiner Zeit ungewöhnliche Idee, die Auseinandersetzung um die Reliefs zu versachlichen und ließ eine Papierbahn von zehn Metern Breite auf Höhe der Obergeschosse um den ganzen Rohbau ziehen. Das Papier wurde entsprechend den Entwürfen im Originalmaßstab mit Fries und Reliefs bemalt. Fuchs berichtet, dass Kropff wegen der beachtlichen Summe von immerhin 10.000 Goldmark für dieses Experiment beim Chef persönlich vorstellig wurde und zitiert Kropff wie folgt: »Die ganze Sache dauerte keine fünf Minuten.« (Fuchs, S. 67) Das Experiment gelang, der Fries entstand wie entworfen und die Idee sollte Nachahmer finden, wie die erfolgreiche Simulation der Berliner Schlossfassade gut 90 Jahre später zeigen sollte.

Am 8. April 1914, einen Monat nach dem 65. Geburtstag des Chefs, öffnete mit dem neuen Haus eine neue Warenhauswelt in Köln und stellte »in einem weiten Sinn den Höhepunkt des Lebenswerkes von Leonhard Tietz dar«. (Blumrath, S. 63) Das Hauptportal des neuen Hauses, in welchem erneut ebenfalls die Firmenzentrale unterm Dach Einzug hielt, prägte eine Portalfigur des Düsseldorfer Bildhauers Johannes Knubel.

»In der muschelförmigen Vertiefung über diesem Portal steht auf einem leicht erhöhten Sockel ein grosser goldbronzierter heraldischer Löwe, auf dem lächelnd ein geflügeltes Kind sitzt, das eine Muschel in der Hand hält. Seine rechte erhobene Vordertatze stützt er gleich dem florentinischen Stadtlöwen auf eine runde goldene Kugel.« (Das neue Haus der Leonhard Tietz A.-G. Köln, S. 15) Dieses neue Wahrzeichen der Firma ist verschieden interpretiert worden. Klarheit bringt ein Brief von Albert Ulrich Tietz, einem Enkel Leonhards vom 12. September 1991. Seine Eltern hatten ihm demnach erklärt, dass sich der Löwe auf den Vornamen seines Großvaters Leonhard und der Engel auf seinen im Oktober 1913 geborenen Bruder Wolfgang Leonhard bezogen hätten, dem ersten Enkelkind von Flora und Leonhard Tietz. Die erste und die

Leonhard Tietz, Gemälde von Max Liebermann, 1911

dritte Warenhausgeneration Tietz, symbolisch als Portalfigur eines modernen Großwarenhauses vereint, auch das war als Botschaft der Beständigkeit gedacht.

So war der Schritt zu neuen großen Häusern nicht nur eine betriebswirtschaftlich gebotene Entscheidung. Dieser Schritt war zugleich eine »Demonstration der wirtschaftlichen Macht« (Blumrath S. 62), eine Ansage, dazuzugehören und ein Bekenntnis, zu bleiben.

Der Terminus »Fassadenpolitik« wurde und wird gerne in öffentlichen Debatten mit einer negativen, herabwürdigenden Zielstellung verwandt. Betrachtet man die Jahre der Entwicklung des Unternehmens von Leonhard Tietz, so kann die Botschaft in Form der neuen Häuser dem Begriff der Fassadenpolitik durchaus einen neuen, positiven Wert verleihen.

Abschied und Übergänge

Der gerade im Sommer 1914 ausgebrochene Erste Weltkrieg stellte eine neue Herausforderung für das Unternehmen dar, das seine Entwicklung bisher in der langen Friedensepoche nach 1871 vollzogen hatte. So verliefen die letzten Lebenswochen und Arbeitstage von Leonhard Tietz sicher besonders unruhig. Die Familien der eingezogenen Mitarbeiter erhielten finanzielle Unterstützung und die Angehörigen Gefallener eine Rente vom Unternehmen.

Dem Firmengründer selbst blieb nur wenig Zeit, im neuen, so symbolgeladenen Kölner Haus die Geschicke des Unternehmens zu leiten. Am 14. November 1914 starb Leonhard Tietz 65-jährig. Schon längere Zeit schwer an Krebs erkrankt, hatte er seinen Dienst bis wenige Tage vor seinem Ableben so oft er konnte versehen und war acht Tage vor seinem Tod letztmalig im Haus erschienen.

Unter großer öffentlicher Anteilnahme wurde Leonhard Tietz auf dem Jüdischen Friedhof Köln-Deutz beigesetzt. Abordnungen aller Häuser waren erschienen, die Warenhäuser des Konzerns blieben im ganzen Reich geschlossen. Diverse Nachrufe würdigten nicht nur den erfolgreichen Unternehmer, sondern auch den sozial engagierten Kaufmann und Mäzen. Flora Tietz stiftete in seinem Angedenken 100.000 Mark an die

Stadt Köln zur Unterstützung unbemittelter Studenten an der dortigen Handels-Hochschule.

Das Unternehmen und seine Leitung waren vom Patriarchen gut bestellt hinterlassen worden. Sein ältester Sohn, Alfred Leonhard, war 1907 bereits Prokurist und 1910 Mitglied des Vorstandes der Leonhard-Tietz-AG geworden. Auch der zweite Sohn, Gerhard Leonhard, übernahm später mit weiteren Vertretern der zweiten Generation wie Julius Schloß, Ernst und Franz Baumann im Vorstand der AG die Verantwortung für das Unternehmen.

Dieser Übergang vollzog sich unter den schwierigen Bedingungen des verloren gehenden Ersten Weltkrieges mit anschließendem Besatzungsregime, der Novemberrevolution und der Inflation. Sally Baumann starb 1918, Willy Pintus im Jahre 1920. Max Baumann und Louis Schloß wechselten 1926 aus dem Vorstand in den Aufsichtsrat.

Der zweiten Generation gelang es, in den Jahren der wirtschaftlichen Erholung nach dem Weltkrieg die Leonhard-Tietz-AG durch zahlreiche Übernahmen und gezielte Expansionsschritte z.B. nach Schlesien nicht nur zu konsolidieren, sondern fest in der Spitzengruppe der führenden deutschen Warenhauskonzerne zu verankern. An die dritte Generation konnte sie das geschaffene Werk nicht weiterreichen. Mit dem Machtantritt der Nationalsozialisten herrschten gleichermaßen eingeschworene Gegner des Warenhauses und Todfeinde der Juden im Land.

Unter dem Eindruck der Boykottaktionen und des Terrors gegen sie schieden die Familienangehörigen 1933/34 aus den Führungspositionen aus und mussten sich von ihren bis dato insgesamt auf 53 Prozent belaufenden Aktienanteilen trennen. Deren Kurs war durch die Weltwirtschaftskrise und vor allem die massive Propaganda und Boykotthetze der Nazis von 300 Prozent im Jahre 1930 auf 11 Prozent gesunken. Dann blieb nur noch die Flucht und die einst von Leonhard Tietz gesetzten Landmarken und stolzen Symbole des Angekommenseins firmierten ab Juli 1933 unter »Westdeutsche Kaufhof AG«. Diese Geschehnisse und die weitere Entwicklung sind schon eine neue Geschichte. Aber ohne sie angesprochen zu haben, wäre eine Miniatur über Leben und Werk von Leonhard Tietz unvollständig.

Die Vertreter der zweiten Unternehmer-Generation bei Leonhard Tietz nutzten die Gelegenheit, wesentliche Führungspositionen im Konzern mit wirklichen Vertrauenspersonen zu besetzen. So übernahm auf ihren Wunsch der Wuppertaler Industrielle Abraham Frowein den Aufsichtsratsvorsitz. Unter seiner Ägide wurde nach dem Zweiten Weltkrieg und der Befreiung Deutschlands mit den früheren Mitinhabern 1949 eine Regelung zur »Zahlung rückständiger und laufender Gehalts- und Pensionsansprüche« und 1951 eine Abfindung für die in der Nazizeit abgenötigten Aktien vereinbart. (Fuchs, S. 95)

Dem neuen Kaufhof gelang es durch einen offenen und ehrlichen Umgang mit den dunkelsten Jahren auch der eigenen Geschichte – anders als den meisten Unternehmen mit vergleichbaren Schicksalen der jüdischen Eigentümer – wieder eine glaubhafte Traditionslinie zu den Gründern und früheren Eigentümern herzustellen. Die Zentrale der heutigen Galeria Kaufhof GmbH liegt an der nach Leonhard Tietz 1963 umbenannten Straße (davor Sternengasse) in Köln und jeder Gast, der das Foyer durchschreitet, passiert das zum 50. Todestag von Leonhard Tietz gefertigte Bronzerelief mit dem Porträt des großen Kaufmannes.

Den hundertsten Unternehmensgeburtstag feierte die Firma 1979 mit dem damaligen Bundeskanzler Schmidt und Albert Ulrich Tietz, dem Enkel von Leonhard Tietz, als Ehrengast.

Im Sitzungssaal des Aufsichtsrates tagt das Gremium unter dem wachen Blick des Gründers, das Gemälde von Liebermann hat hier seinen festen Platz gefunden und kann, wie von Wunderhand bewegt, den Beamer für Präsentationen freigeben. Durch diese Konstruktion entgeht dem alten Chef keine aktuelle Zahl oder Entwicklung...

Geschäftsführer und andere Führungskräfte der Galeria Kaufhof sowie zahlreicher weiterer Handelshäuser haben in den letzten Jahren wiederholt Międzychód besucht. Hier erinnert man sich der beiden Tietz-Brüder als bedeutender Söhne der Stadt. Die Straße, in der einst das Haus der Familie stand heißt ulica Tietza. Das alte Birnbaum an der Warthe, von dem einst so visionäre Kaufleute und starke Impulsgeber für den deutschen Handel und seine Warenhäuser ausgezogen waren, ist ein Ort der Erinnerung, Besinnung und Inspiration für den Handel der Gegenwart geworden.

Literatur

Adressbuch der Waren- und Kaufhäuser Deutschlands. Verlag von Alfred Streissler, Berlin-Nowawes, 1926

Baumann, Ernst, Interview vom 2. Juni 1966, Firmenarchiv der Galeria Kaufhof GmbH, Köln

Behn, Helga, »Die Architektur des Deutschen Warenhauses von ihren Anfängen bis 1933«, Inaugural-Dissertation, Philosophische Fakultät der Universität zu Köln, Köln 1984

Busch-Petersen, Nils, »Oscar Tietz«. »Jüdische Miniaturen«, Bd. 13, Hentrich & Hentrich, Berlin 2013 (3. Aufl.)

Busch-Petersen, Nils, »Adolf Jandorf«. »Jüdische Miniaturen«, Bd. 32, Hentrich & Hentrich, Berlin 2008

Blumrath, Fritz, »Leonhard Tietz«. In: »Rheinisch-Westfälische Wirtschaftsbiographien", Aschendorff, Münster Westfalen 1961

Calwer, Richard, »Der Handel«. In: »Die Gesellschaft«, Sammlung sozialpsychologischer Monographien. Bd. 8, Hrsg. Martin Buber, Frankfurt am Main, 1907

Creutz, Max, »Joseph M. Olbrich – Das Warenhaus Tietz in Düsseldorf«. Ernst Wasmuth, Berlin 1909

Creutz, Max, »Das Warenhaus Tietz in Elberfeld von Prof. Wilhelm Kreis-Düsseldorf«. Ernst Wasmuth, Berlin 1912

»Erlebniswelt Kaufhof: Ein Warenhaus in Deutschland«. Hrsg. Kaufhof Warenhaus AG, Kaufhof Warenhaus AG und Wienand Verlag, Köln 2001

»Das neue Haus der Firma Leonhard Tietz A.-G. in Köln«. Ernst Wasmuth, Berlin 1914.

Festschrift »50 Jahre Leonhard Tietz 1879/1929«. Im Selbstverlag der Leonhard Tietz Aktiengesellschaft, Köln 1929

Fuchs, Peter, »100 Jahre Kaufhof Köln 1891–1991«. Peter Fuchs, Köln 1991

Gerlach, Siegfried, »Das Warenhaus in Deutschland«. In: »Erdkundliches Wissen« Heft 93, Franz Steiner Verlag, Wiesbaden GmbH, Stuttgart 1988

Göhre, Paul, »Das Warenhaus«. In: »Die Gesellschaft«, Sammlung sozialpsychologischer Monographien. Bd. 12, Hrsg. Martin Buber, Frankfurt am Main, 1907

Haupt-Preisliste 1896/97, Leonhard Tietz Hohestrasse 45, Köln a. Rhein

Hoppenstedts Wirtschafts-Archiv, »Chronik der Kaufhof AG«, Essen, undatiert

Liebermann, Max, Brief an Leonhard Tietz vom 12. Oktober 1911, Firmenarchiv der Galeria Kaufhof GmbH, Köln

Schutzverein zur Bekämpfung der Warenhäuser, »Aufklärungsschrift über die Warenhäuser«, Hamburg 1904

Tietz, Georg, »Hermann Tietz«. Geschichte einer Familie und ihrer Warenhäuser, Deutsche Verlags-Anstalt, Stuttgart 1965

Tietz, Gerhard, Ansprache zur Personalfeier der Leonhard Tietz AG am 26. Januar 1930. In: »Ansprachen zur Feier des 50jährigen Bestehens der Firma Leonhard Tietz am 19. Januar 1930«, Firmenarchiv der Galeria Kaufhof GmbH, Köln

Verband Deutscher Waren- und Kaufhäuser e.V. (Hrsg.), »Probleme des Warenhauses«, Berlin 1928

Vermögens-Rechnung der Betriebskrankenkasse der Firma Leonhard Tietz, Köln für die Zeit vom 1. Januar 1899 bis Ende Dezember 1899, Firmenarchiv der Galeria Kaufhof GmbH, Köln

Wernicke, Johannes, »Warenhaus, Industrie und Mittelstand«. In: Rechts- und Staatswissenschaftliche Studien, Heft XLIV, Emil Ebering, Berlin 1911

Wernicke, Johannes, »Das Waren- und Kaufhaus«, Gloeckners Handelsbücherei, Bd. 6, G.A.Gloeckner, Leipzig 1913

Wiener, Alfred, »Das Warenhaus, Kauf-, Geschäfts-, Bürohaus«, Verlag von Ernst Wasmuth, Berlin 1912

Wussow, Otto Erich von, »Geschichte und Entwicklung der Warenhäuser« (nach Mitteilungen von Oscar Tietz). Band V der Reihe »Handel, Industrie und Verkehr in Einzeldarstellungen«, Verlag für Sprach- und Handelswissenschaft (S. Simon), Berlin, 1906

Ferner wurde verwendet:

Buchner, Hans, »Warenhauspolitik und Nationalsozialismus«. In: Nationalsozialistische Bibliothek, Heft 13, Verlag F. Eher, München 1930

Abbildungsnachweis

Archiv der Galeria Kaufhof GmbH – S. 11, 19, 30, 37, 42
Festschrift der Galeria Kaufhof GmbH – S. 74, 77
Archiv Nils Busch-Petersen – Umschlag vorn, U2, S. 33, 45, 51, 55, 56, 57, 58, 61, 67, 71, 72

Über den Autor

Nils Busch-Petersen
geboren 1963 in Rostock-Warnemünde, Studium der Rechtswissenschaft an der Humboldt-Universität zu Berlin, anschließend Assistent am Lehrstuhl für Diplomaten- und Konsularrecht am Institut für Internationale Beziehungen in Potsdam-Babelsberg, Februar bis Juni 1990 Stadtbezirksbürgermeister von Berlin-Pankow im Auftrag des Runden Tisches, seit 1990 Hauptgeschäftsführer des Handelsverbandes Berlin-Brandenburg e.V. (HBB) und seit 2011 Direktor des Louis Lewandowski Festivals. Glücklich verheiratet mit Dr. Ulrike Busch-Petersen, zwei Kinder.

Jüdische Miniaturen
Band 13

Nils Busch-Petersen
Oscar Tietz
Von Birnbaum/
Provinz Posen zum
Warenhauskönig
von Berlin
64 Seiten, 12 Abb.
ISBN 978-3-942271-98-1
Euro 6,90

Jüdische Miniaturen
Band 32

Nils Busch-Petersen
Adolf Jandorf
Von Volkswarenhaus zum
KaDeWe
80 Seiten, 22 Abb.
ISBN 978-3-938485-10-8
Euro 6,90